決定版! 大人の語彙力
敬語トレーニング125

本郷陽二

nbb
日経ビジネス人文庫

はじめに

たとえば、お客様や目上の方に対し、

「その件については、あちらで伺ってください」

「お飲み物のほうは、何にいたしますか」

「そのように部長がお申しになられました」

といった奇妙なフレーズが使われるのを耳にすることがありませんか。

丁寧に話しているので決して悪い印象を受けることはないのですが、敬語のルールを考えると、こうした表現はちょっと問題があります。

では、どこがどんなふうに間違っているか。それは、この本の中で解説していきますが、こうした**間違い敬語は、ベテランのビジネスパーソンにも見られます。**

新人のうちは、「まだ言葉遣いも修行中だな」と大目に見てもらえても、中堅以上になれば、「いい年をして、正しい敬語も使えないなんて」と、厳しい視線を向けられるでしょう。

敬語といえば、「難しい」「堅苦しい」「わけがわからない」といったネガティブな印象を受ける人がいるかもしれませんが、社会に出れば、たとえ新人であっても、やはり敬語は必須になります。

とはいえ、仕事で使う敬語は少し厄介です。

それは、**自分がどの立場なのかによって、言葉の選び方が変わる**からです。

社内では上司に対して尊敬語を使いますが、取引先で上司について話す際には、謙譲の表現を使わなくてはなりません。ましてや、上司の名前を呼び捨てにするなど、慣れないうちはハードルが高いでしょう。つまり、「習うより慣れろ」という言葉のとおり、敬語も日常の中で繰り返し使いながら身につけていくことが大事です。

また、敬語に、より一層の磨きをかけるのが**「語彙《ごい》力」**です。

日本語は、ひとつのことを伝えるにも、さまざまな言い方がある豊かな言語です。

仕事を頼む際にも、単に「お願いします」ではなく、

「お手数をかけますが、お願いできますでしょうか」

「ご多忙中とは存じますが、何卒よろしくお願いします」

などと、相手やその場に合わせて使い分けられると、デキる人と思われるでしょう。

本書では、**敬語の基本、職場の敬語、おつきあい&冠婚葬祭、メール・チャット、ビジネス文書、電話、面接など、シーン別にQ&A形式**でわかりやすく解説しています。

とりわけ最近は、メールやチャット、携帯電話がビジネスのさまざまなシーンで大きな役割を果たしています。また、打ち合わせ、会議、面談もオンラインが当たり前になるなど、ビジネスの環境は日々変化しています。

本書はそうした時代の変化に合わせて、『大人の語彙力　敬語トレーニング100』（2018年3月刊）に大幅な加筆・修正をした、決定版の敬語の本です。

たとえ社会状況やビジネスシーンで使うツールが変わっても、正しい敬語が求められることは変わりません。

この本なら、クイズ感覚で楽しめるので、飽きずに敬語レッスンが続けられるでしょう。

1日1項目だけでも読んでいるうちに、確実に敬語力が上がります。

敬語は社会の潤滑油。**気持ちのいい人間関係を築き、また自分の印象をアップさせ、ビジネススキルを磨く**ためにも、この本を役立てていただければ幸いです。

2023年7月

本郷陽二

目次

決定版！　大人の語彙力　敬語トレーニング125

マンガ◎坂木浩子（株式会社ぽるか）
校正◎内田翔
編集協力◎松島恵利子

序章

語彙力を磨けば
ワンランク上の
敬語になる

敬語を使いこなすぞ――！
先ほどの会議の部長のプレゼン、さすが上手ですよね
えっ
ちょっと、なに失礼なこと言ってるの！
ほめるっていうのは、目上の人が目下にするものなの
えっほめたのに
そうなんですか？
部長のプレゼンテーションをうかがい、大変勉強になりました、が正解ね
わかりました!!
ウン
ウン

●「拝」を使いこなして敬語上手に

目上の人の書いたものを読む、話を聞く、何かを受け取る。そんなとき、どんな言葉を使っていますか。

たとえば、

「読ませていただきました」

「聞かせていただきました」

「〇〇を頂戴しました」

などが一般的な敬語表現でしょう。

もちろん、こうした言い回しでも十分に敬意は伝わって失礼にはなりませんが、ワンランク上の表現を目指すのなら、ぜひとも「拝」を使った言葉を覚えておきたいものです。

「部長の書かれた企画書を拝読（拝見）しました」

「講演を拝聴し、大変勉強になりました」

「原稿を拝受いたしました」

「拝」の訓読みは「おがむ」。つまり、頭を下げておしいただく様子を表すため、高い敬意が伝わるのです。

こうした言い回しをさらりと使える人は、「敬語が板についているな」「敬語力のある人だな」という印象を与えられます。

「敬語は、決まった言い回しを覚えればいい」と思い込んでいる人がいますが、同じことを伝えるのでもさまざまな言い方があるので、バリエーションが豊かであるのに越したことはありません。

つまり、**敬語にも語彙力は必要**というわけです。

●確認が必要な書類を送るときは「ご査収ください」

納品書や見積書などの書類を送る際には、メールや手紙を添えますね。その際に、「見積書をお送りしますので、よろしくお願いします」と書く人が多いと思います。

見積書や納品書といった、よく調べて確認してもらうべき書類を、単に「送りますから、よろしく」では、やや物足りない感じがします。

こんなときは、**「ご査収」**を使うといいでしょう。査収とは、よく調べたうえで受け取るという意味です。

「見積書をお送りしますので、ご査収願います」
「申請書類を同封いたしましたので、よろしくご査収ください」

このように書けば、「きちんと見て、確認して受け取ってください」というニュアンスが丁寧に伝わります。また、似た意味の**「ご検収」**という言い方もあります。

さらに、少しニュアンスは違いますが、物を受け納める、受け入れるという意味の「受納」は、

「粗品ですが、ご受納ください」

などの形でよく使われます。覚えておくととても便利です。

●ほめ言葉は語彙力を試される

基本的に、ほめるという行為は、目上の人が目下の者に対してするものです。

たとえば、上司や先生に、「よく頑張って偉かったですね」「上手にできましたね」などと言えば、とても失礼です。絶対にやってはいけません。

しかし、ほめられていやな気持ちがする人はいませんから、たとえ目上の人でもほめるようなタイミングがあれば、積極的にほめたいものです。

ここで試されるのが語彙力です。

ほめ言葉といっても、直接的な言葉を使うのではなく、相手の言動に対し、感じ入った、感動した、ハッとさせられたという自分自身の気持ちを伝えるのです。具体的には、

「社長のお話を伺って、胸が震える思いです」

「部長の企画書を拝見し、大変勉強になりました」

「先生のお言葉に、背筋の伸びる思いでございます」


このように言えば、直接相手をほめてはいなくても、結果的には大いにほめたことになります。

ほめ言葉も、単に「感動しました」「すごいと思いました」といった単調なものではなく、

「思わず時間を忘れて聞き入りました」
「目から鱗の落ちる思いで伺っておりました」
「さすが、おっしゃることが違うと、ため息が出ました」
「後輩たちにも、ぜひ聞かせたいと思いました」

など、いろいろな種類の言葉をストックしておきましょう。
その時々で違うフレーズが出てくれば、ほめ言葉の達人として、一目置かれる存在になるに違いありません。

いろいろな言葉を
ストックするぞー

第1章

敬語の基本をおさらいしよう

今日のお客さんは
言葉遣いに厳しいんだよな〜
こ、こちらが資料です
沈黙が怖い。なにか話をしなければ。そうだ！
ウム
素敵な色のネクタイでいらっしゃいますね
そ、そうかな
よっしゃー。喜んでもらえた
うまくいっちゃいましたー
それだとネクタイに敬語を使ってることになるね
えーっ
「素敵な色のネクタイですね」でOK！

問題の前に

敬語は5分類――表現によって分類される

敬語は、相手との関係や場面に応じた表現によって5分類されます（「敬語の指針」文化審議会答申）。例示すると以下の通りです。

1 尊敬語＝相手を敬った表現……聞く→お聞きになる／行く→いらっしゃる　など

2 謙譲語Ⅰ＝行為の向かう相手を立てる表現……届ける→お届けする／行く→伺う　など

3 謙譲語Ⅱ＝自分側の行為・ものごとなどを相手に対して丁重に述べる表現……言う→申す／行く→参る／小社／弊社　など

4 丁寧語＝相手に対して丁寧に述べる表現……～ます／～です　など

5 美化語＝物事を美化する表現……お花／お料理　など

001

太字部分は尊敬語、謙譲語Ⅰ、謙譲語Ⅱ、丁寧語、美化語のどれにあたるでしょう？　本章冒頭の「敬語は5分類」を参考に答えてください。

①よろしかったら、この本を**差し上げます**　［　　］

②**弊店**では、アフターサービスを重視しております　［　　］

③私は皆さんに**お茶**を配りました　［　　］

④私はハッキリと**言いました**　［　　］

⑤先生が私の作品を**ご覧になった**　［　　］

001 の答え

「お」や「ご」を付ければ敬語になるとは限らない

①**謙譲語Ⅰ**

「差し上げる」は「与える」や「やる」をへりくだって表現した謙譲語。受け手を敬う気持ちをこめたもので、「お電話を差し上げます」のようにも使われる。

②**謙譲語Ⅱ**

「弊」という漢字は「やぶれる」「たるんで崩れたさま」、また「いけないこと」という意味を持ち、自分のことに関する言葉に付けて謙遜の気持ちを表す。「弊社」「弊紙・弊誌（自分のところで発行している新聞や雑誌）」などもある。

③**美化語**

「茶」に接頭語の「お」を付けることによって、美化した表現にしている。ただし、「コーヒー」のような外来語に「お」を付けるのは誤り。

④**丁寧語**

「です」「ます」「ございます」などのように、改まった気持ちで言葉遣いを丁寧にしたり、話し手が聞き手に対して敬意を表す場合に用いられるのが「丁寧語」。「〜しました」も丁寧語のひとつ。

⑤**尊敬語**

「ご覧になる」は「見る」の尊敬語。「聞く」の尊敬語である「お聞きになる」のように、「見る」に「お」を付けて「お見になる」とは言わない。

002

次の言葉を尊敬表現に直してください。

①どう思いますか？ ↓ 〔　〕

②座ってください ↓ 〔　〕

③来てください ↓ 〔　〕

④参加してください ↓ 〔　〕

002 の答え

「どうお思いになられますか？」は二重敬語

①どう思われますか？（一例）

「思う」の尊敬語は「思われる」「お思いになる」「おぼし召す」「考えられる」「お考えになる」など多様だが、人に意見を聞く場合は「お思いになる」より「お考えになる」を用いることが多い。「どうお思いになりますか？」は正解だが、「どうお思いになられますか？」は誤り。これは尊敬語「お思いになる」に、さらに尊敬表現「〜られる」を付けた形で「二重敬語」になる。ひとつの言葉に同じ種類の敬語を重ねる「二重敬語」は、やりすぎになり、適切ではない。

②おかけください（一例）

「座る」の頭に「お」を付けて「お座りください」としても間違いではないが、一般的には「おかけください」が用いられる。また「ご着席ください」という場合もある。

③お越しください（一例）

「来る」の尊敬語は「見える」「お見えになる」「いらっしゃる」「おいでになる」「お越しになる」「お運びになる」。「来る」の頭に「お」を付けるのではなく別の言葉に言い換えることで尊敬語となる。「お運びください」「おいでください」でもＯＫ。

④ご参加ください（一例）

「参加してくださいますか」「ご参加くださいますか」と依頼の形にするのもよい。

003

次の言葉を謙譲表現に直してください。

①食べる ↓「　」

②見る ↓「　」

③聞く ↓「　」

④する ↓「　」

⑤思う ↓「　」

⑥会う ↓「　」

⑦訪ねる ↓「　」

⑧借りる ↓「　」

003
の答え

「する」の謙譲語は「いたす」が一般的

①いただく、頂戴する

「食べる・飲む」の謙譲語は「いただく」。「先生のお宅で夕飯をいただいた」のように表現する。なお、「食べる・飲む」の尊敬語は「召し上がる」。

②拝見する

「見せていただく」という言い方もあるが、一般的には「拝見する」を使う。

③お聞きする、お尋ねする、伺う、拝聴する

「お客様の話を伺う」「先生にお尋ねする」「お聞きしたところ……」「拝聴する」など。

④いたす、させていただく

「私がいたします」「精いっぱい努めさせていただきます」などとなる。

⑤存じる、存じ上げる

「存じる」に比べて「存じ上げる」はより敬意の高い言葉。「元気でお過ごしのことと存じます」のように使う。

⑥お会いする、お目にかかる

「お目にかかる」は敬意が高いので、初対面のときなどに使うことが多い。

⑦お訪ねする、伺う、など

「明日、お礼に上がります」「お邪魔してよろしいでしょうか」のように、「上がる」「お邪魔する」も用いる。

⑧拝借する、お借りする

「お借りする」より敬意が高いため、相手が目上の場合などには「拝借する」になる。

004

次の言葉は尊敬語、謙譲語のどちらでしょうか？

①なさる　［　　　］
②お会いになる　［　　　］
③頂戴する　［　　　］
④拝読する　［　　　］
⑤いらっしゃる　［　　　］
⑥仰せになる　［　　　］
⑦伺う　［　　　］
⑧おいでになる　［　　　］

004 の答え

「する」の尊敬語は「なさる」

①**尊敬語**
「なさる」は「する」や「~する」の尊敬語。「今後はどんな展開をなさるおつもりですか?」のように表現する。

②**尊敬語**
「お会いになる」は「会う」の尊敬語。「○○様とはどちらでお会いになったのですか?」のように用いる。

③**謙譲語**
「頂戴する」は「食べる」「飲む」、または「もらう」の謙譲語。「貴重な本を頂戴し、ありがとうございました」など。

④**謙譲語**
「拝読」は「読む」の謙譲語。「社長の自叙伝を拝読いたしました」のように表現する。

⑤**尊敬語**
「いらっしゃる」は「来る」の尊敬語。「お連れの方がいらっしゃいました」など。

⑥**尊敬語**
「仰せになる」は「言う」の尊敬語。「社長がそのように仰せになりました」など。

⑦**謙譲語**
「伺う」は「聞く」「尋ねる」「訪問する」の謙譲語。「お話を伺いたいのですが」「午後から伺います」など。

⑧**尊敬語**
「おいでになる」は「来る」の尊敬語。「○○様がおいでになります」など。

005

太字部分は尊敬語、謙譲語Ⅰ、謙譲語Ⅱ、丁寧語、美化語のどれにあたるでしょう？　本章冒頭の「敬語は5分類」を参考に答えてください。

①あなたは**お肉とお魚**、どちらが好き？［　　］

②**弊社**は、このたび社屋を移転することとなりました［　　］

③この本は、先生が**お読みになった**本なのですね［　　］

④ピンク色のシャツを着ているのが私の妹**です**［　　］

⑤こちらの料理は大統領が**召し上がった**ものと同じです［　　］

⑥こんなところで**お目にかかれる**とは思いませんでした［　　］

⑦池田さんのことなら、よく**存じ上げて**います［　　］

⑧こちらの欄に**ご住所**を記入してください［　　］

005 の答え

「ご住所」は尊敬語、「ご飯」は美化語

①**美化語**
　肉や魚に「お」を付けて美化している。

②**謙譲語Ⅱ**
「弊社」は「私どもの会社」という意味で、相手に対して改まって述べる表現の謙譲語Ⅱにあたる。

③**尊敬語**
「お読みになる」は相手を敬った表現なので尊敬語となる。

④**丁寧語**
「〜です」や「〜ます」は、聞き手に対し丁寧に述べる表現にあたるので丁寧語。

⑤**尊敬語**
「食べる」を「召し上がる」に直して相手への敬意を表現しているので尊敬語。

⑥**謙譲語Ⅰ**
「お目にかかれて」は、「会う」という行為に対し、相手を立てている表現。したがって謙譲語Ⅰになる。

⑦**謙譲語Ⅰ**
「存じ上げる」を普段の言葉で言うと「知っている」。相手を立てる表現なので謙譲語1になる。

⑧**尊敬語**
「住所」の頭に「ご」が付いているので、「ご飯」と同じように美化語と勘違いしやすいが、この場合は、相手に敬意を表するために付けられたものなので尊敬語が正解。

語彙力アップ講座！

●ひとつの文章にひとつの敬語が基本

年代を問わず、敬語に対して苦手意識を持つ人が多いようです。どうしてなのでしょうか。そのわけを尋ねると、次のような答えがよく返ってきます。

「丁寧に話そうとして、かえって変になってしまう気がする」

「自分の言い方が正しいかどうかわからない」

——「ああ、私も同じだ」と思った人も多いのではないでしょうか。

目上の人やお客様には「丁寧に話さなくては失礼になる」「間違った言い方をしてはいけない」という思いがプレッシャーになり、苦手意識を生み出しているのかもしれません。

また、ほかにも多く耳にしたのが、

「ばか丁寧になりすぎているかもしれない」

「どこまで敬語にすればいいかわからず、ついつい言葉を重ねてしまう」

といった声です。

つまり、**失礼があってはならないという緊張感から、何重にも敬語を重ねてしまう**のでしょう。

その結果、「自分でも何を言っているのかよくわからなくなってしまった」「変な日本語になって恥ずかしかった」という経験をして、すっかり敬語が苦手になったという人も少なくありません。

たとえば、ホテルのスタッフがお客様に次のような声かけをしたとします。

「お客様のお荷物は私がお運びさせていただきますので、どうぞお先にお部屋のほうにいらしてください」

丁寧に言いたい気持ちはわかりますが、敬語が盛りだくさんで、不自然な感じがしますね。こういう場合は、思い切ってシンプルに、

「荷物は私がお持ちしますので、どうぞ先にお部屋へいらしてください」

と言ったほうが、かえって敬意が伝わります。

敬語は重ねれば重ねるほど丁寧になるわけではなく、むしろ堅苦しい印象になるので、**すっきりとまとめたほうが好感が持てる**からです。

また、へりくだった言葉遣いをしすぎて、慇懃《いんぎん》無礼な印象を与えてしまうケースもあります。

「誠に申し訳ございませんが、本日の営業は終了させていただきました。謹《つつし》んでお詫び申し上げます」

非常に丁寧な言い方ですが、聞く側にとっては、大げさなだけで、それほど心が伝わってきません。

こういう場合は、

「大変申し訳ありませんが、本日の営業は終了いたしました。またのご来店を心よりお待ち申し上げております」

と話せば、スマートで失礼のない言い方です。

敬語をすっきりと使うには、**ひとつの文章にひとつの敬語というのが基本です。**シンプルな使い方を心がければ、敬語は決して難しいものではありません。

●物や動物に敬語は使わない

　ある人が目上の方のご自宅に伺ったとき、うまい会話のきっかけはないかと思っていたところ、棚に大きな花瓶が飾られているのに気づきました。そこで、

「立派な花瓶でいらっしゃいますね」

　と言ってみました。また、その方の着ていたシャツを、

「素敵な色のシャツでいらっしゃいますね」

　とも話しました。すると、相手はちょっと変な顔をしながら、「ありがとうございます」と答えてくれました。

　いろいろ雑談をしていると、その方の飼っている犬が入ってきました。よくしつけられていて、「伏せ」と指示を出せばパッと伏せ、おとなしくしています。そこで、

「頭のいいワンちゃんでいらっしゃいますね。こんなにきちんとご主人の指示を守るなんて」

　とほめたところ、相手は喜ぶどころか苦笑い。

　さて、このほめ方のどこが悪かったのでしょうか。

敬語というのは基本的に、人間に対して使うものであって、物や動物に対しては使いません。

「立派な花瓶でいらっしゃいますね」

「素敵な色のシャツでいらっしゃいますね」

という言い方は、花瓶やシャツという物に敬意が示されていて、敬語の使い方として間違っています。正しく言えば、

「立派な花瓶ですね」

「素敵な色のシャツですね」

となります。また、

「立派な花瓶をお持ちですね」

「素敵な色のシャツをお召しですね」


これならば、敬意の対象が人間になっているので、正しい敬語となります。

また、犬に対しても敬語を使うのは奇妙ですから、

「頭のいいワンちゃんですね。こんなにきちんとご主人の指示を守るなんて」

というように表現すべきでしょう。

「ワンちゃん」という言い方は、幼い感じもしますが、一般的に使われているようです。

ただし、場面や相手によっては、「犬」と言ったほうがスマートでいいでしょう。

基本的に、敬語は「人間に対して使うもの」と覚えておきましょう。

ひとつの文章に
ひとつの敬語が基本

第2章

職場の敬語
こんなとき
どうする？

娘よ、
正しい敬語を使えているかい？

わかりますか？【第2章ダイジェスト】

- 社長がご出社されました……どこがヘン？ ↓ 問007
- お食べください……正しい？ ↓ 問009
- ○○様がお見えになられます……正しい？ ↓ 問011
- 考え直してくださいよ……丁寧な言い方にすると？ ↓ 問016
- 外出先から会社に戻ったときの正しい挨拶は？ ↓ 問017

006

次の文章はどこか敬語の使い方が変です。間違っている箇所を正しく直してください。

① 当社ホームページを拝見してください
↓
「　　　　」

② あちらの窓口で伺ってください
↓
「　　　　」

③ こちらの部屋でお待ちしてください
↓
「　　　　」

④ 子供服をお探しでございますか
↓
「　　　　」

⑤ 会長がお帰りになられました
↓
「　　　　」

006の答え

「お探しでございますか」はなぜ間違いなのか

①×拝見してください⇒○ご覧ください

「拝見」とは、「見る」の敬意の高い謙譲語。お客様に「自分の会社のホームページを見てください」と言っているのだから、「見る」の部分を、尊敬表現の「ご覧になる」にする。

②×伺ってください⇒○お尋ねください

「伺う」は「聞く」「尋ねる」「訪ねる」の謙譲語で、「いくつか伺ってもよろしいでしょうか」「先生のお宅に伺いました」など、自分の行為に対しての言葉。「伺う」のあとに「~してください」と続けて、相手に対して使うことはできない。

③×お待ちしてください⇒○お待ちください

「お待ちして」は、「お見えになるのを心よりお待ちしております」のように自分の行為に対しての謙譲語。この場合は「お待ちして」の「して」の部分を除いて「お待ちください」とするのが正しい。

④×お探しでございますか⇒○お探しですか

「ございます」は「ある」の丁寧語で、「こちらにございます」「粗茶でございますが」のように使う。丁寧語「ございます」を相手の行為に対して用いるのは誤り。

⑤×なられました⇒○なりました

「お帰り」がすでに尊敬語になっているため「なられました」と重ねて尊敬の表現をする必要はない。

007

次の文章は敬語の使い方が変です。間違っている箇所を正しく直してください。

①社長がご出社されました

↓［　　］

②申し訳ありませんが、ただいま田中部長は外出しております

↓［　　］

③課長が戻りましたら申し上げておきます

↓［　　］

④すみませんが、もう一度お願いできますでしょうか？

↓［　　］

⑤上司から借りた小説を拝読する

↓［　　］

007の答え

社外の人との会話では社内の人間に敬称を付けない

①×ご出社⇩○出社

「出社」のあとに「されました」が付いており、それだけで尊敬表現になる。わざわざ「出社」に「ご」を付ける必要はない。

②×田中部長⇩○田中

この例文が社内の人間とのやりとりであれば正解。しかし、社外の人間と話している場合は誤りだ。「田中」という名前に「部長」という役職をプラスすると身内の人間に敬称を付けることになる。そのため「田中」あるいは「部長の田中」が正解。

③×申し上げておきます⇩○申し伝えておきます

「申し伝える」は、「伝言する」という意味で使う「言い伝える」の謙譲語。お客様の伝言を預かる際の定番フレーズ。

④×すみませんが⇩○申し訳ありませんが

ビジネスシーンでは、より丁寧な表現の「申し訳ありません」を使うのが一般的とされる。

⑤×拝読する⇩○読む

「拝読する」は「読む」の謙譲語。だから、「先生の手紙を拝読いたしました」のように、相手の書いたものを読む場合にはいいだろう。一方、この場合は「上司から借りた小説」であり、へりくだる必要はない。

008

Aさんは、お客様からおほめの言葉をいただきました。それに対してAさんはどのように答えるといいでしょう。○か△で判定してください。

①とんでもございません 「　」

②とんでもないです 「　」

③とんでもないことです 「　」

④とんでもありません 「　」

008 の答え

「とんでもない」はひとかたまりの言葉

①△

「とんでもない」は6文字でひとかたまりの言葉である。「もったいない」や「切ない」といった言葉と同様に、「ない」の部分だけを切り離して別の言葉に言い換えることはできない。「もったいありません」「切なございません」と言わないように、「ない」の部分だけを丁寧語に直すのはおかしい。

しかし慣用的に使う人が増えており、2007年の「敬語の指針」（文化審議会答申）では、相手からのほめ言葉や賞賛などを軽く打ち消す表現として使うことには問題はないとしている。ただ、それでも気になる人もいるのでここでは△とする。

②○

「とんでもない」という言葉を丁寧なものにするため、語尾に「です」を付けた形。そこで正解となる。「とんでもございません」をよく使っている人にとっては、物足りない気がするかもしれないが、相手に対して敬意を払う言葉としては十分なのだ。

③○

「とんでもないです」だけでは敬語としての物足りなさを感じる人は「とんでもないことです」にするといい。

④△

「とんでもございません」と並んで慣用的によく使われるフレーズである。

009

商品開発担当のAさんは、新商品のサンドイッチの試食会を開きました。出席者にサンドイッチを勧める言葉として正しいものには○、間違っているものには×を付けてください。

① お召し上がりください　［　］

② どうぞいただいてください　［　］

③ 召し上がってください　［　］

④ お食べください　［　］

009 の答え

「お召し上がりくださいは」文法的には間違い

①×

食品の賞味期限表示とともに、「本日中にお召し上がりください」というように書かれていることが多いため、間違いと聞いて驚く人も多いだろう。しかし、「お召し上がりください」は厳密にいえば誤った尊敬語。「召し上がる」という言葉は、それだけで「食べる」の尊敬語になっているので、わざわざ頭に「お」を付ける必要がないからだ。「言う」の尊敬語は「仰る」だが、これにわざわざ「お」を付けて、「お仰る」と言う人はいない。それと同じことである。

とはいうものの、「お召し上がりくださ い」は、多くの人が慣用的に使っているから、文法上では誤りだとしても、絶対使ってはいけない敬語とは言いにくいものになりつつあるだろう。

②×

「いただく」は「食べる」の謙譲語。相手の行為に対して使ってはいけない。

③〇

「食べる」の尊敬語は「召し上がる」なので、正解。

④×

「食べる」には「召し上がる」「上がる」のように、言い換えの形の尊敬語があるため、「お食べください」のように「お」＋「～ください」の形は使わない。

010

社長の指示でコピー機の位置を動かしたAさん。それを見た部長が「誰がコピー機を動かせと言ったんだ？」と尋ねました。さて、Aさんはどのように答えるといいでしょう。正しいものに○、間違っているものに×を付けてください。

① 社長が申されました 「　」

② 社長がおっしゃいました 「　」

③ 社長がお言いになりました 「　」

④ 社長が仰せになりました 「　」

010の答え

「仰せになる」は非常に敬意が高い

①×

「申されました」の「申す」は「言う」の謙譲語である。したがって、敬意の対象である社長に対して使ってはいけない。「お客様が申されましたように」などという表現も間違いである。

尊敬語には「書く」を「書かれる」とするように「～れる」「～される」の形で表す場合もあるが、謙譲語である「申す」に「～れる」「～される」を付けても尊敬語にはならない。「申されました」は謙譲語と尊敬語が同居する、奇妙な日本語なのだ。

②○

「言う」の尊敬語は「おっしゃる」なので「おっしゃいました」は正解。

③×

「言う」の尊敬語は「言われる」「おっしゃる」などの言い換え方で表される。そのため「言う」の頭に「お」を付けて「お言いになる」というのは誤りである。

④○

「仰せになる」は尊敬語の中でもやや古風な表現で、あまり耳にしないかもしれないが、「言う」の尊敬表現の中では非常に敬意の高いもの。対象となる人が、かなり目上の人だったり、立場がずっと上の人だったりする場合に使われることが多い。

011

取引先のB様が来社されるので、Aさんは準備をしていました。すると上司から「誰が来るの？」と聞かれました。さて、Aさんの答え方としてどれが正しいでしょう。正しいものに○、間違っているものに×を付けてください。

① B様が参られます　［　］

② B様がお見えになられます　［　］

③ B様がお見えになります　［　］

④ B様がお越しになります　［　］

011 の答え

「～れる」「～られる」の乱用に気をつけよう

①×

「参る」は「私は後から参ります」や「係の者が参りますので、少々お待ちいただけますか？」のように、自分の側をへりくだって用いる謙譲語。来社するのは取引先のお客様なので、当然、尊敬語を使わなくてはならない。「～れる」「～られる」は尊敬表現として「先生が本を朗読される」のように使うが、謙譲語である「参る」に「～られる」を付けても尊敬語にはならない。

②×

「お見えになられます」という言い方を耳にすることは少なくないので、「どうして間違いなのか？」と思った人もいるかもしれない。「お見えになる」は、目上の方やお客様が「来る」ことを指す尊敬語。しかし、「お見えになられる」は、さらに尊敬語の「～られる」を重ねた二重敬語なので誤り。

③〇

「来る」の尊敬語が「見える」。それに「なります」という丁寧語を付けたもので正解。

④〇

「お越しになる」は「来る」の尊敬語のひとつなので正解。「お見えになる」「お越しになる」のほかに、「来る」の尊敬語には「いらっしゃる」「おいでになる」「お運びになる」などがある。

012

Aさんは部長から資料を集めるように指示されました。そこで、前もって資料の構成案を作って、部長に確認してもらうことにしました。こんなとき、何と言って確認をとるのがいいでしょう。正しいものには○、間違っているものには×を付けてください。

①これで結構ですか　［　］

②これでいいですか　［　］

③こちらでよろしいでしょうか　［　］

④こちらでよろしかったでしょうか　［　］

012の答え

「これ」を「こちら」にするとぐっと丁寧に

①×

「結構」は「十分であること」「それでいい」という意味の丁寧な言い方。「お名前のご記入のみで結構です」「簡単な包装で結構です」などと言うが、「こちらで結構ですか」のような疑問形では使わない。この場合なら、「構成案ができました。こちらでよろしいでしょうか」と言うのがいい。

②×

「いいですか」は普段の言葉。ビジネスの場ではふさわしくない。また、「これ」は「こちら」という言い方に換えたほうが、ぐっと丁寧な印象を与える。

③○

「これ」が「こちら」になっており、「いいですか」を「よろしいでしょうか」に直しているので尊敬語として正しい。

④×

「よろしかったでしょうか」は接客業の人がよく使う言葉で、「バイト敬語」などと呼ばれるもののひとつ。Aさんは部長に初めて資料を見せているのに「よろしかったでしょうか」と過去形の表現をしている。「よろしいでしょうか」「よろしいですか」と聞くのが正解。

013

宴会の幹事を務めることになったAさんは、案内文を作りました。文末に参加費支払いの締め切りを知らせる一文を入れましたが、敬語の使い方が正しいものには○、間違っているものには×を付けてください。

①ご出席になられる方は参加費を月末までにお支払いください　［　］

②ご出席の方は参加費を月末までにお支払いください　［　］

③出席される方は参加費を月末までにお支払いください　［　］

④ご出席申し上げる方は参加費を月末までに支払ってください　［　］

013 の答え

「ご出席の方」「出席される方」が正しい敬語

①×

「ご出席」のあとに「なられる」を付けているので誤り。「ご出席」だけで尊敬表現になっているので、さらに重ねて「なられる」を付け加えると、二重敬語になってしまう。

②○

「ご出席の方」というのは「出席する人」の尊敬表現であるため正解。

③○

「出席」に「ご」が付いていないので誤りと思った人もいるかもしれないが、「出席」のあとに「される」が付いているので正解である。「ご出席される」とした場合には、二重敬語になってしまう。

④×

「申し上げる」は、「ご挨拶申し上げる」のように、「お」または「ご」＋「〜申し上げる」の形で、付け足し型の謙譲表現となる。

これは「ご出席申し上げます」のように、自分に対して使うことはできるが、相手に対して用いてはいけない。この例文では「ご出席」が相手に対する尊敬語になっているにもかかわらず、「申し上げる」が謙譲語のため、両方がまじった妙な日本語になっている。

014

会社の創立記念パーティがあります。お越しになったお客様に記念品を差し上げることになりました。担当者のAさんは、お客様に記念品をお持ち帰りいただくようご案内しています。敬語の使い方が正しいものには○、間違っているものには×を付けてください。

①あっちで、記念品をいただいてください　［　］

②あちらで、記念品をお受け取りください　［　］

③どうぞ、記念品をお持ちください　［　］

④どうぞ、記念品を頂戴してください　［　］

014 の答え

「お（ご）」＋「〜ください」も尊敬表現のひとつ

①×

「いただく」は「もらう」の謙譲語。「先ほどはお電話をいただき」のように、自分の行為に対しての表現である。「いただいてください」という表現では、パーティの主催者側の立場が上ということになってしまうので誤り。また「あっち」という表現は「あちら」と言い換える。

②◯

「お受け取りになる」は「もらう」の尊敬語である。「お」または「ご」＋「〜ください」は尊敬表現のひとつなので正解。

③◯

「お持ちくださいませ」「お持ちくださいますようお願いいたします」と言い換えるとより丁寧になる。

④×

「頂戴」は「もらう」の謙譲表現の中でもひときわ敬意の高いものである。「ありがたく頂戴いたします」「先日は結構な品をたく頂戴いたしまして」のように自分に対して使う。だから、「〜してください」を付けて相手の行為に対して使われることは決してない。

言葉遣いにうるさい人に「頂戴してください」などと言おうものなら、「それではありがたく頂戴いたします」と、皮肉交じりに返されるかもしれない。

015

ビジネスの現場ではついつい次のような言葉を使いたくなる場面もありますが、どう言い換えたら相手に失礼にならないでしょうか。

①この話はやめさせてもらうよ!
↓
「　　　　」

②あんまりにそっちの勝手なんじゃないの?
↓
「　　　　」

③契約した内容と違うじゃないか!
↓
「　　　　」

④このままじゃやばいですよ
↓
「　　　　」

⑤なんとかしてよ!
↓
「　　　　」

015 の答え

「やめる」は「白紙に戻す」に言い換える

①今回のお話は白紙に戻させていただきます

「やめる」という表現はストレートすぎるため、ビジネスシーンでは避けたい。この場合は「何もなかった状態に戻す」という意味の、「白紙に戻す」という慣用句がいい。「白紙に返させていただきます」でも正解。

②あまりに一方的なお話ではないでしょうか？

相手が自分の都合ばかり言ってこちらの言い分に聞く耳を持たない場合は、つい「勝手な！」と言いたくなるが、あまり感情的になるのは考えもの。「一方的」という言葉に置き換えると冷静な印象を与える。

③契約した内容と異なるようですが……

「違う」という言葉はきつい印象を与えてしまうため、「異なる」に置き換える。また、「違うじゃないか」というように断言してしまわずに、問いかけの形にすることで柔らかな印象になる。

④このままでは憂慮すべき事態を招きます

「やばい」という言葉はビジネスシーンにはふさわしくない。この場合は、「憂慮すべき」や「とても危険な」という表現に置き換える。

⑤〇〇していただけないでしょうか？

具体的に解決方法を提示し、問いかけの形に直すのが好ましい。

016

では、次のような言葉は、どう言い換えたら相手に失礼にならないでしょうか。

① ぶっちゃけて言っちゃいますと

↓

［　　　　　　　　　　］

② 考え直してくださいよ

↓

［　　　　　　　　　　］

③ 何をおっしゃりたいんですか？

↓

［　　　　　　　　　　］

④ こんなこと言いたくないんですけど

↓

［　　　　　　　　　　］

⑤ すぐには決められません

↓

［　　　　　　　　　　］

016の答え

即答しにくいときは「一存では決めかねます」

①有り体に申しますと

「ぶっちゃけ」も「言っちゃいます」も社会人としては失格の言葉遣い。ビジネスシーンでは「有り体（ありのままの意）に申しますと」を使うと好印象になる。「包み隠さず申し上げますと」でもいい。

②ご再考願えませんでしょうか

「考え直す」は普段の言葉なので、同じ意味を持つ「再考」に置き換える。また、「してくださいよ」は押し付けがましく、なれなれしい印象を与えるので、「願えませんでしょうか」と婉曲な表現に直すといい。

③お話の意図をはかりかねますが……

自分の尺度でものを言う相手には、ついつい「何が言いたいの？」と言ってしまいがちだが、もう少し婉曲に「何をしようとしているかわからない」という意味の「意図をはかりかねる」に置き換えるといい。

④大変申し上げにくいことなのですが……

好きで言うわけではないが、はっきりと相手に何かを伝えなくてはならないときがある。しかし、いきなり本題を切り出すのではなく、「大変申し上げにくい～」のワンクッションを置くのが効果的だ。

⑤私の一存では決めかねます

ビジネスシーンでは即答を避けなければならないことがよくある。そんなとき、「一存では決めかねます」は便利な言い回し。

017

挨拶の基本についての問題です。次のようなとき、どう挨拶するといいでしょうか。

①退社する際、まだ残っている人たちに向かって
↓
［　　　　　　　　　　］

②社外に出かける際の行き先の告げ方
↓
［　　　　　　　　　　］

③社内の人が出かける際の見送りの言葉
↓
［　　　　　　　　　　］

④外出先から会社に戻ったとき
↓
［　　　　　　　　　　］

⑤社外の人に挨拶するとき、必ず付けるフレーズは？
↓
［　　　　　　　　　　］

017 の答え

目上の人に対して「お世話様です」は失礼になる

①お先に失礼します

「帰ります」を丁寧に言い換えると「帰らせていただきます」になるが、これでは「もう、こんなところには居られない！」という意味にもとられかねない。一般的には「失礼します」を使う。上司などが残っている場合には、「申し訳ありませんが」のひと言を添えるとより丁寧。

②○○へ行ってまいります

「行ってきまぁ〜す」と言う人はいないと思うが、社会人であれば行き先を明確にし、「行ってまいります」と言うのが好ましい。

③行ってらっしゃいませ

自宅で家族が外出するのを見送るのなら「行ってらっしゃい」だけでもかまわないが、会社では「ませ」を付けるほうがいい。

④ただいま戻りました

自宅に戻ったときに言う「ただいま」は「ただいま帰りました」の略だ。会社では省略せずに「ただいま帰りました」や「ただいま戻りました」と言うのが好ましい。

⑤いつもお世話になっております

「お世話様でございます」と言う人がいるが、「ご苦労様」の意味があるので、目上の人や立場が上の人間に使うことはできない。したがって、社外の人への挨拶にはふさわしくない。

018

ビジネスの場では、人にものを頼むことがしばしばあります。次のようなとき、なんと言って頼むといいでしょうか。○の中にふさわしい言葉を書き入れてください。

① 協力業者などに出向いてもらうとき

「ご○○をかけますが、よろしくお願いいたします」

[　　　　]

② 何かを頼むとき

「お使い○○して申し訳ありません」

[　　　　]

③ 目上の人や立場が上の人に何か頼むとき

「お○をわずらわせて申し訳ありませんが……」

[　　　　]

018の答え

「お使い立てして」を添えれば丁寧なお願いに

①足労

「ご足労」は足を疲れさせるの意味から、わざわざ出向いてもらうこと。「ご足労をかけて申し訳ありません」「こちらまでご足労願えますか」のような形で使われている。

ただし、この言葉は、自分と同等もしくは立場が下の人間に対してのもので、お客様や目上の人には使えない。そんなときは「わざわざお運びいただき恐縮です」などと挨拶するといいだろう。

②立て

職場などでは日常的に頼み事をしているため、ついつい「コピー5部ね」「会議室にお茶3つ」などのように、用件を最後まで言わないことが多い。本来なら「コピーを5部取ってください」「会議室にお茶を3つ運んでください」のように、省略せずに言うのが礼儀である。そして、もっと丁寧なものの頼み方のひとつに「お使い立て」のフレーズを入れる方法がある。「お使い立てして申し訳ないのですが、○○をしていただけますか?」のようになる。

③手

「手をわずらわせる」とは、人に面倒をかけたり、世話になるという意味の慣用句。「お使い立て」と同様に使えるが、目上や立場が上の人間に対しては「お手をわずらわせる」を用いるのが好ましい。

019

謝罪するときの敬語に関する問題です。次の太字の言葉を謝罪の重さ・軽さを考えて、丁寧な謝罪の言葉に直してください。

① 先日は、声をかけていただくまで気づかずに**ごめんなさい**
↓
「　　　　　　」

② 玄関までお見送りができず、**すみませんでした**
↓
「　　　　　　」

③ 本日は**謝りに来ました**
↓
「　　　　　　」

④ 伝言するのを、**うっかり忘れていました**
↓
「　　　　　　」

⑤ 請求書の金額が間違っていて、**すみません**
↓
「　　　　　　」

019の答え

軽いお詫びなら「失礼いたしました」でOK

①失礼いたしました（しました）

声をかけてもらうまで気がつかなかったことは、先方に迷惑をかけるような重大なミスではないので、軽いお詫びの「失礼いたしました」にする。相手との関係に合わせて「しました」と使い分ける。

②申し訳ございませんでした（ありませんでした）

お客様の見送りができないことは礼儀を欠くふるまいにあたるから、「申し訳ございませんでした」にするといい。「申し訳ございませんでした」は、何かを間違えたり、相手に迷惑をかけたときなどのお詫びの言葉。

③お詫びに参りました

わざわざ謝りに行くのだから、軽いミスではない。そんなときこそ丁重な言葉を用いる。「謝りに」を「お詫びに」、「来ました」を「参りました」に置き換える。

④失念しておりました

ビジネスの場では、忘れるという行為は厳禁。「忘れる」といったストレートな表現は避け、「失念」に置き換える。

⑤大変申し訳ありません

請求書の金額を間違えるのは重大なミスだ。「失礼しました」では軽すぎるし、「申し訳ありませんでした」でも不十分。「大変」を付けて、お詫びの気持ちを表す。

020

仕事には上司への報告や相談がつきもの。そんなとき、きちんとした敬語を使いたいですね。次の例文の太字部分はどのように言い換えたらいいでしょう？

①部長はそのことを**知ってましたか？**
↓
「　」

②もう**聞いていると思うのですけれど**
↓
「　」

③取引先の**部長さん**に書いていただきました
↓
「　」

④**うわさで聞いたんですけど**
↓
「　」

⑤私も**困っているんです**
↓
「　」

020 の答え

「聞いている」と「聞き及ぶ」では丁重さが段違い

①ご存じでしたか？

「知っている」は普段の言葉。上司と話すときは常に敬語を心がけなくてはならない。「知っている」の尊敬語「ご存じ」にしよう。

②お聞き及びのことと存じますが

「聞き及ぶ」とは、すでに聞いて知っているという意味。「聞いている」と意味は同じだが丁重さには格段の差がある。「思う」を謙譲語である「存じます」に直すことによって、より一層かしこまった言い方となる。

③部長

「部長」という肩書きには敬称の意味が含まれているため、「さん」や「様」を付けると敬称が重なってしまう。「○○部長」「部長の○○様」という言い方が正しい。

④仄聞《そくぶん》するところによると

「仄聞」とは、うわさなどで少し耳に入ったり、人づてにちょっと聞くという意味の語。「うわさ」という言い方に比べると、ぐっとかしこまった印象になる。

⑤困惑しております

同僚や部下などに話すのなら「困っている」を用いてもいいが、上司の場合はもう少し改まった表現にしたい。また、上司の助けが必要なときは、「私も困惑しておりまして、お力添えいただけないでしょうか」などとすると、より丁重な表現になる。

021

お客様を迎えるときの敬語に関する問題です。次の例文はお客様を迎えるのには適切な言葉ではありません。ふさわしい言葉に直してください。

①今日はわざわざ来てくれてどうもです
↓
「　　　　　　　　」

②あのぅ、誰ですか？
↓
「　　　　　　　　」

③何か用事ですか？
↓
「　　　　　　　　」

④○○さんですね。お待ちしてました
↓
「　　　　　　　　」

021
の答え

ビジネスの場では年下の相手でも「様」を使う

①本日はご足労いただき、ありがとうございます

「今日」は「本日」に置き換える。「わざわざ」という言葉は、ねぎらいの言葉にはあたらない。「来てくれて」は謙譲表現の「ご足労いただき」や「お暑い中（お寒い中）お越しいただき」などにする。最後の「どうもです」は、もちろん「ありがとうございます」に置き換える。

②恐れ入りますが、どなた様でしょうか？

相手がどういう人かわからないときは、できるだけ丁重に聞くこと。「どなた様」は「どちら様」に換えてもOK。「お名前を伺ってもよろしいでしょうか」と言い換えてもいい。

③どのようなご用件でしょう？

「何か用事ですか？」のような、ぶしつけな言い方では相手の気分を害してしまう。「何か」は「どのような」、「用事」は「ご用件」に置き換えることで、丁寧な表現にすることができる。

④〇〇様でいらっしゃいますね。お待ちしておりました

ビジネスではたとえ年下のお客様でも、敬意を表して「さん」ではなく「様」を使う。また、「お待ち申し上げておりました」にするとより丁寧な印象になる。

022

秘書課のAさんは、社長あてにお客様がお見えになっていると連絡を受けて受付へと出向きました。どうやら飛び込みの営業のようです。こんなとき、どう切り出せばいいでしょう？　正しいものに○、間違っているものに×を付けてください。

① 恐れ入りますが、アポはいただいておりますでしょうか？　［　］

② 恐れ入りますが、お約束は頂戴しておりますでしょうか？　［　］

③ すみませんが、お約束はしていらっしゃいますか？　［　］

④ ごめんなさい、お約束のない方は取り次げません　［　］

相手を問いただす表現は使わないほうがいい

①×

「アポイントメント」という言葉はビジネスシーンで定着しているものの、やはりお客様に対しては「お約束」といった日本語のほうが敬意を感じられる。略語「アポ」をお客様に使うのは不適切。

②○

「恐れ入りますが、お約束はいただいておりますでしょうか？」でも正しい。

③×

「すみません」は使わずに、より丁寧な「申し訳ありませんが」「恐れ入りますが」を使うほうがいい。また、「お約束はしていらっしゃいますか？」は約束したかどうかを相手に問いただす表現になるので、使わないほうがいい。

④×

会社の規定や約束事で、あらかじめ面会の約束を入れていない場合は取り次ぐことができないとしても、「取り次げません」などとストレートに言うのは考えもの。会社ではお客様に不快感を与えないことが優先される場合もある。取り次ぐことのできない相手であれば「大変申し訳ありませんが、本日○○は外出しておりまして」「あいにく○○は来客がございまして」などと言って断るのも仕方がない。また、「ごめんなさい」はビジネスシーンでは使わない。

023

Aさんは、上司あてのお客様を応接間にご案内しました。担当者が来るまで少し待っていただく場合、どのように声をかけたらいいでしょうか？正しいものには○、間違っているものには×を付けてください。

① こちらで少々お待ちください　［　　］

② ここで少し待っていてください　［　　］

③ こちらでお座りになっていてください　［　　］

④ こちらでお待ちいただけますでしょうか？　［　　］

023 の答え

お願いは問いかけの形にしたほうが柔らかな印象

①○

この場合、「恐れ入りますが」を文頭に付けると、もっと丁重な印象を与える。

②×

まず「ここ」という言葉が間違い。ビジネスの席では「ここ」は「こちら」、「そっち」は「そちら」、「あっち」は「あちら」に言い換える。また、「待っていて」は普段の言葉。敬意の対象であるお客様に対して使うべきではない。

③×

「座る」の尊敬語に「お座りになる」という表現はあるが、これは「一番奥の席にお座りになっている方が○○様です」というような使い方をするもので、「座ってほしい」と依頼する場合は使わない。なぜなら、犬に座ることを命じる「お座り！」に通じてしまうからだ。「座る」の尊敬語には「おかけになる」という表現もある。お客様に座ることを勧める場合はこちらを使うのが一般的。「どうぞ、あちらの椅子におかけください」のように言う。

④○

「〜してください」という言い方ではなく、「〜していただけますでしょうか？」という問いかけの形にすると柔らかな印象を与える、好感の持てる依頼の表現になる。

024

Aさんは、お客様とレストランにやってきました。メニューを見ていただき、どれを注文するかを尋ねるとき、どう言ったらいいでしょう？　正しいものには○、間違っているものには×を付けてください。

①どちらをお召し上がりになられますか？　［　　］

②どちらをお食べになりますか？　［　　］

③どちらを召し上がりますか？　［　　］

④何を頼んだらいいですか？　［　　］

024
の答え

「お食べになる」という敬語はない

①×

問009の答えで説明したように、「食べる」の尊敬語には「召し上がる」がある。「召し上がる」はそれだけで尊敬語にあたるので、わざわざ頭に「お」を付けて使う必要はない。

ただし、「お召し上がりください」といった言い回しは慣用的に使われるから、最近では間違いではないという解釈もある。

この例文が誤りなのは、「お召し上がりに」のあとに「~なられますか?」と、さらに尊敬表現を付け加えているから。この場合、「召し上がりますか?」だけで十分。

②×

「食べる」の尊敬語に「お食べになる」という言葉はないので、「召し上がる」を使うのが正しい。

③○

「どちらを召し上がりますか?」で正解。

④×

お客様と接するときは、常に自分が一歩引いた態度が必要。「何を頼んだらいいですか?」は、押し付けがましい印象を与えてしまう。「何にしましょうか?」のように相手に選択を委ねる形にするといい。

025

お客様と飲食するときの敬語に関する問題です。Aさんはお客様にビールを勧めることにしました。正しいものには○、間違っているものには×を付けてください。

①おビールはいかがでしょうか？ 〔　〕

②ビール飲みますか？ 〔　〕

③ビールはいかがですか？ 〔　〕

④遠慮しないでビールを召し上がってください 〔　〕

025の答え

外来語の頭に「お」や「ご」を付けて美化するのは誤り

①×

美化語のひとつに「お」や「ご」を付けて言葉を美化するものがある。「お皿」「お茶碗」「ご飯」などだが、「お」や「ご」は外来語、カタカナで表すものには付けないのが基本である。ビールは外来語なので「お」を付ける必要はない。

「おコーヒー」「おジュース」などは明らかにおかしいとわかる。一方、「おビール」「おトイレ」などは慣用的に用いられているため違和感を持ちにくいものだ。しかし、文法上は誤りと覚えておきたい。

②×

友人や同僚などには「飲みますか」でもかまわないが、お客様には常に高い敬意を示すことを心がけなくてはいけない。「飲む」の尊敬語は「お飲みになる」「召し上がる」だが、「召し上がりますか?」のほうが広く使われる。

③○

「ビールはいかがですか?」は正しい敬語の使い方である。

④×

間違いは「遠慮しないで」の「しないで」の部分。ここは「遠慮なさらずに」に言い換える必要がある。

026

レストランでアルバイトを始めたAさん。接客の際にこんな言葉を使いますが、どれも合格ではありません。どこがおかしいのでしょうか？

① お待たせいたしました。ナポリタンになります
↓
［　　　　　　　　　　　　］

② 21時までは、ご注文できます
↓
［　　　　　　　　　　　　］

③ お子様椅子のほうはご利用になりますか？
↓
［　　　　　　　　　　　　］

④ こちらのカードをご利用されると1割引きになります
↓
［　　　　　　　　　　　　］

⑤ ただいま満席ですので、こちらにお名前様をお願いします
↓
［　　　　　　　　　　　　］

026
の答え

「お名前」はそれだけで十分に敬意を表す

①×になります⬇○でございます

「氷が解けて水になる」「社会人になります」というように、「なる」とは物や事が結果として成立したり実現するという意味の語。注文品などを差し出すときに「〜になります」という使い方はおかしい。

②×ご注文できます⬇○ご注文いただけます

「お」または「ご」＋「〜できる」は、「お供する」「ご一緒する」のような、謙譲語の可能形。お客様に対しては不適切。

③×お子様椅子のほうは⬇○お子様椅子は

「砂糖・ミルクのほうはご利用になりますか？」のように、「〜のほう」を付けた表現をよく耳にする。二者択一の場合は「〜のほう」を付ける意味があるが、あるものを限定している場合は付ける必要がない。「お子様椅子はご利用になりますか？」で十分なのである。

④×ご利用される⬇○ご利用いただく

「お」または「ご」＋「〜される」は、謙譲語と尊敬語がまじった奇妙な日本語。謙譲表現の「ご利用いただく」が正しい。

⑤×お名前様⬇お名前

「お名前」という言葉はそれだけで十分敬意を表した尊敬語。それに「様」を付ける必要はない。また、「様」は会話の中で、具体的な人名や会社名などに付けるものである。

027

B部長にお客様が見えましたが、あいにく△△商事との打ち合わせが長引いていて、「10分ほど待っていただくように」と連絡が入りました。お客様は面会の予約がありました。こんなときの対応として正しいものには○、間違っているものには×を付けてください。

① Bは10分くらいで参りますので、それまでお待ちくださいませ 【　】

② 申し訳ありません。ただいま取り込み中でして、しばらくお待ちください 【　】

③ 大変申し訳ありませんが、Bは来客が長引いております。10分ほどお待ちいただけますでしょうか？ 【　】

④ 申し訳ありませんが、Bは△△商事様との商談が長引いておりまして、10分ほどお待ちくださいませ 【　】

027 の答え

理由をきちんと告げても内部情報は明かさない

①×

約束のあるお客様に対して、何の理由も告げずにお待たせするのは失礼である。また、こちらの都合でお待たせするにもかかわらず謝罪の言葉が入っていないので誤り。

②×

「取り込み中」とは、不意の出来事などでゴタゴタするということ。しつこいセールスを断るときには便利なフレーズだが、約束をしているお客様にお待ちいただく理由が「不意のゴタゴタ」では、お粗末で失礼。

③〇

約束をしているお客様を待たせるには、「なぜお待ちいただくのか？」の理由を告げる必要がある。また、こちらからお願い事をするのだから、「〜してください」といった命令形ではなく、「〜していただけますでしょうか？」のようなお願いの形にし、謙虚な姿勢を表す。

お待たせする時間が当初の予定よりもさらに延びてしまった場合は、「貴重なお時間を頂戴し、誠に申し訳ありません」と、再びお詫びをする。

④×

きちんとした理由を告げるといっても「△△商事様との商談」というような内部情報まで明らかにしてはいけない。

028

Aさんは沖縄支社に転勤が決まり、お世話になったお客様を訪問して転任の挨拶をしました。例文はそのときの言葉です。正しいものには○、間違っているものには×を付けてください。

① このたび沖縄支社に転勤することになりました　［　　］

② つまらないものですが、皆様でお召し上がりください　［　　］

③ 来月からは後任として前田課長が参ります　［　　］

④ 役不足でご迷惑をかけてしまい、申し訳ありませんでした　［　　］

⑤ すぐにおいとましますので、お茶は要りません　［　　］

028 の答え

「役不足」と「力不足」。語感は似ていても意味は逆

①〇

②×

「召し上がる」はそれだけで尊敬語になっているので、「お召し上がりください」を「召し上がってください」に置き換える。また、「つまらないもの」という表現は間違いではないが、過度の謙遜と感じる人が増えているので、「気持ちばかりのものですが」や、「お口に合うといいのですが」などに言い換えるようになっている。

③×

「前田課長」は「課長の前田」または「前田という者」に置き換える。

④×

「役不足」とは、能力に対して与えられた役目が軽すぎるという意味の言葉。仕事を依頼する側が「あなたにとってこの仕事は役不足で申し訳ないのですが（もっと能力があるのにこんな仕事を頼んですまない）」というように使うものである。ここでは、「力不足でご迷惑をかけ」が正しい。「役不足」と「力不足」は語感が似ているので混同しやすいが、まるで逆の意味になってしまうので、要注意。

⑤×

ストレートすぎる表現は好ましくない。もてなしを辞退する場合は「どうぞお構いなく」というフレーズが一般的。

029

名刺交換はビジネスパーソンにとって、とても大切。言葉遣いも慎重にしたいものです。次の例文で正しいものには○、間違っているものには×を付けてください。

①（名刺を出して）私、こういう者です 〔　〕

②（名刺を出して）私、○○社の△△と申します 〔　〕

③（名刺を受け取るとき）たしかにお預かりいたします 〔　〕

④（名刺を受け取るとき）頂戴いたします 〔　〕

029の答え

名刺は「いただく」もので「預かる」ものではない

①×

テレビなどで「私、こういう者です」などというシーンが見られるが、名刺を渡すときには必ず名乗らなくてはいけない。上司などから「こちらが部下の○○です」とあらかじめ紹介があったとしても、名刺を渡すときには、改めて名乗るのが礼儀だ。

②○

「私、○○社の△△と申します」だけでも失礼にはならないが、「4月より、御社の担当をさせていただくことになりました。どうぞよろしくお願いいたします」などの挨拶を添えると、さらに印象がよくなる。

③×

「預かる」とは、金品などを手元に置いて保管すること。名刺は預かるものではなく、いただくものなので「お預かりします」は不適切な表現だ。

④○

名刺交換の際は必ず「頂戴します」と言いながら受け取るのが礼儀。

なお、名刺を受け取る際は、自分の胸の高さで受け取り、相手の会社名や名前の部分を指でつままないように注意する。同時に交換する場合は、右手で自分の名刺を差し出し、左手で相手の名刺を受け取るが、この場合、相手の名刺はすぐに右手を添えて両手で持ち、敬意を表すことが大切。

030

名刺交換の際、相手の名前が難しくて読めないことがあります。そんな場合はどう言えばいいでしょうか？　正しいものには○、間違っているものには×を付けてください。

① ずいぶん変わったお名前ですね　［　　］

② 名前が読めないのですが　［　　］

③ 失礼ですが、お名前を頂戴できますか？　［　　］

④ 大変失礼なのですが、何とお読みしたらよろしいのでしょうか？　［　　］

「変わったお名前」「珍しいお名前」は避けるべき表現

①×

「変わったお名前」という言い方は「変な名前」という意味にも取られかねない。初対面でこんな失礼なことを言ったら、以後のおつきあいにヒビが入る可能性もある。

また、「珍しいお名前ですね」という表現にも注意が必要。相手によっては「〇〇地方では少しも珍しくないけれどね」と切り返されてしまうかもしれない。

②×

「名前」は「お名前」という尊敬語に直す。また、「読めないのですが」といった普段の言葉はダメ。名刺交換では、できるだけ丁重な言葉遣いを心がける。

③×

名刺はその人の名前を表すもの。それを受け取っておきながら、「お名前を頂戴できますか？」はあまりにお粗末だ。また、「名前を頂戴する」という言い方は、電話などで相手の名前を聞くときによく使われるフレーズだが、直訳すると「名前をもらう」という意味になる。名前はもらうものではないので、「お名前を教えていただけますでしょうか？」などと言い換える。

④〇

名前が読めないのは自分の責任であるという姿勢から、お詫びの言葉を述べてから読み方を聞くのが正しい。

語彙力アップ講座！

●敬語は人間関係で変化する

敬語を難しく感じさせる原因のひとつは、人間関係によって使い方が変化する点です。もし年齢や上下関係などに関係なく一定のルールだけで敬語が使えるなら、これほど楽なことはないのですが、いろいろな人間関係を考えながら使いこなすのが敬語の醍醐味というもの。**相手に対する思いやりや敬意を伝えられるからこそ、敬語の価値がある**のでしょう。

たとえば、商品の配送に来た業者の人にかける「ご苦労様です」「ご苦労様でした」という労いの言葉は、丁寧な言葉遣いですから敬語に属します。

ところが、もし同じ「ご苦労様です」を上司に向かって言ったらどうでしょうか。

もちろん、上司への敬意を込めた言葉ですから正しい敬語と評したいのですが、人間関係というフィルターを通してみると、これはいけません。

なぜなら「ご苦労様」という言葉は、立場が上の者から下の者へ、年長者から年少者に向かって使うものだからです。

もし労いの気持ちを込めて「部長、ご苦労様でした」と声をかけても、上司は素直に受け止めないかもしれません。

では、なんと言って上司を労うかというと、一番無難なのは**「お疲れ様でした」**、または**「お疲れ様でございます」**という言い方でしょう。

「お疲れ様」は、年齢やキャリアに関係なく、誰に対して使っても失礼にならないオールマイティな労いの言葉です。

たとえ相手がアルバイトの学生でも、会社を代表する役員でも、「お疲れ様でした」を使えば問題ありません。

それでは「年下の上司に対する敬語は？」「定年後再雇用で契約社員になった人に対する言葉遣いは？」などという疑問が湧いてくるかもしれませんが、一定のルールを守っていれば、それほど大きなミスにはつながらないはずです。

使い古された言葉かもしれませんが、「習うより慣れろ」が敬語をマスターするための一番のコツといえるでしょう。

●目上の人には「お供する」で謙虚さをアピール

部長に同行して新商品の見本市に行くように命じられたNさん。ちょっと緊張しながら「部長、ご一緒に参りましょう」と声をかけたのですが、部長は困ったような笑いを浮かべていました。

Nさんは丁寧な敬語を使ったつもりでしたが、間違っていたのでしょうか。

もともと「参る」は、「私が行ってまいります」「担当の者がすぐに参ります」のように、自分や身内の「行く」あるいは「来る」という行為をへりくだっていう言葉です。

そうするとNさんのいう「参りましょう」は、部長の「行く」という行為までへりくだらせてしまっているので、敬語としては間違いになるのです。

ただし、社内的には間違いでも、対外的には「参ります」が正解。間違っても「部長がおいでになります」などと言ってはいけません。

また、「ご一緒に」という表現も、立場が同等の者に対して使う言葉で、目上に向かって使うのは感心しません。こういう場合、一番のおすすめは「お供する」という言い方です。目上の人に目下の者がついていくというへりくだった気持ちが込められているので、ぴったりです。

「お供させてください」や**「お供させていただきます」**と言えばとてもスマート。**「一緒に」**も、**「ご一緒させてください」**とお願いする形にすれば敬語として通用します。

●「○○という形で」は〝いまどき敬語〟

比較的若いビジネスパーソンがよく口にするのが「○○という形で」という言葉です。

「商品は代引きという形でお送りしております」

「当社ではまずトライアルという形で商品を提供しております」

といった使い方をするようですが、要は「○○のようなやり方で」「○○のルールに従って」という意味です。

では、いったい誰がそのルールを作っているかといえば、お客様側ではありません。そのため、サービスを提供する側が作ったルールを「○○という形で」とお客様に押し付けているようにも聞こえ、あまりいい感じはしません。

近年増えてきたこの言い方は、「～のほうから」「～になります」といったバイト敬語に通じるものがあります。便利に使える言い回しなのでしょうが、言葉の品位という面から見ればおすすめはできません。

この表現を言い換えるとすれば、

「商品は代引きでお送りしておりますが、よろしいでしょうか」

「当社ではトライアル制度を通じて商品を提供しております」

と、ごく普通の言い回しになりますが、実際はそれがお客様にとっては親切なのではないでしょうか。

バイト敬語の癖が抜けない人や、何か新しい言い方があるとすぐに飛びつく人もいますが、**自分の言葉遣いが企業のイメージを作り上げる**ことを忘れてはいけません。特にベテラン社員が若者敬語を真似ることは慎みたいものです。

第3章

スイスイ
おつきあい編

1つだけ「ふさわしくない」言葉はどれでしょう？
学生時代の友人の結婚披露宴会場で――
友人の両親
❶
おめでとうございます。
お天気に恵まれて
何よりですね
❷
僭越《せんえつ》ながら、
お祝いの言葉を
述べさせていただき
ます
❸
重ね重ね、
ご結婚おめでとう
ございます

答え ❸ 「重ね重ね」は結婚式では「忌み言葉」

わかりますか？【第3章ダイジェスト】

●いつお行きになりますか？……正しい？ ↓ 問034

●どうかされましたか？……正しい？ ↓ 問035

●○○をご利用されるお客様へ……どこがヘン？ ↓ 問037

●読まさせていただきます……正しい？ ↓ 問038

●どう思われますか？……より好印象を与える言い方は？ ↓ 問042

031

Aさんは、上司に食事をご馳走になりました。次の表現はレストランを出てからAさんが上司に向かって言ったものです。適切なものには○、不適切なものには×を付けてください。

①お金を使わせて申し訳ありません　［　］

②デザートがなかなかおいしかったです　［　］

③この店は安いので友達にも紹介していいですか？　［　］

④素敵なお店をお知りなんですね　［　］

⑤とてもおいしく頂戴しました　［　］

031の答え

ご馳走になりながら「安い」は失礼

①×
「お金を使わせて」はあまりにストレートすぎる。また、「申し訳ありません」ではなく、「ご馳走になり、ありがとうございます」のほうが素直で好感が持てる。

②×
「なかなか」というのは、物事の状態や程度が予想以上だったという意味。「なかなかおいしかった」は、「たいした期待はしていなかったのに、予想以上においしかった」という意味になってしまう。「とてもおいしかったです」などの表現がふさわしい。

③×
ご馳走になっていながら「この店は安いので」などと口にするのは失礼。「雰囲気のいいお店でしたね」や「素材のうまみが活かされていましたね」など、良かった点を具体的にあげて感謝の気持ちを表すのが社会人としての礼儀。また、「紹介していいですか？」ではなく、「紹介してもよろしいでしょうか？」が正しい丁寧語。

④×
「知る」の尊敬語は「ご存じ」。ここでは「素敵なお店をご存じなのですね」と言いたい。

⑤〇
加えて、「ありがとうございました」と心をこめたお礼の言葉を忘れずに。

032

営業部に転属になったAさんのために、新しい職場のメンバーが歓迎会を開いてくれました。宴席で酒豪の上司に酒を勧められましたが、Aさんはお酒が苦手です。さて、どのように断るのがいいでしょう。適切なものに○、不適切なものに×を付けてください。

①実は僕、お酒が嫌いです 「　」

②私、正直申し上げて酒は苦手なんです 「　」

③お気持ちは嬉しいのですが、あいにく不調法なもので 「　」

④飲めません 「　」

⑤無粋なことに、酒が弱くて 「　」

032の答え

お酒が苦手なら「不調法なもので……」が便利

①×

「嫌いです」は言葉遣いに問題はないが、ストレートすぎて、その後の人間関係にヒビが入ってしまうかもしれない。また、上司に向かって自分を「僕」と言うのは誤り。目上の人と話す場合は「私」にする。

②×

お酒が好きな上司に向かって「苦手なんです」と言っては角が立つ。アルコール・ハラスメントの意識が高まり、無理に酒を勧められることも少ないだろうが、失礼のない断り方をしたい。

③○

「不調法」とは芸事の心得がないことや酒が飲めないことを意味する語。酒そのものを「嫌い（苦手）だ」のように否定するのではなく、角の立たない断り方になる。

④×

あまりに強い断り方で、相手によってはケンカを売っていると思われかねない。

⑤○

「無粋」とは、情緒がないという意味。「不調法」と同じように、酒が飲めないことを上手に表現している。また、「酒が弱くて……」という言い方は、遠まわしに「飲みたくない」「飲めない」という意思表示になる。

033

「今夜、部のメンバーで飲みに行くぞ。君も参加できるだろう」と突然、上司から言われました。実は、どうしても観たいサッカー中継があるのですが……。そんなとき、どんな断りの言葉がいいでしょう？　適切なものに○、不適切なものに×を付けてください。

① 申し訳ありませんが、今夜は観たいテレビ番組があるので失礼します　［　］

② ありがとうございます。しかし、今晩は先約がございまして……　［　］

③ 申し訳ありませんが、今夜は行けません　［　］

④ 今夜はやめておきます　［　］

⑤ 今夜はあいにくふさがっておりまして……、次回はぜひ参加させてください　［　］

033
の答え

「あいにく〜」でやんわりと誘いを断る

①×

人とのつきあいの中では相手を傷つけたり、不快感を抱かせないための嘘が必要なこともある。サッカー中継と職場の親睦をハカリにかけることはできないので、嘘も方便。「あいにく野暮用がございまして」くらいの言い方は覚えておきたい。

②○

感謝の気持ちを述べてから、自分が参加できない理由を「先約」と話しているので、断りの言葉として適切である。

③×

「行けない」は普段の言葉だから、上司に対しては不適切。「今夜は伺うことができません」ときちんとした謙譲語を使いたい。

④×

「やめておきます」は、「行こうと思えば行けるのだが、あえて行かない」といったニュアンスがあり、相手に不快感を与えてしまう。さらに、断る場合は誘ってくれたことに対するお礼、参加できないことへのお詫びの言葉を入れるように心がけよう。

⑤○

「あいにく」とは、期待や目的にそわない状況になって、悪く思ったり残念なこと。「あいにく」を入れることによって、「行きたいけれど行けない事情がある」という気持ちをひと言で表せる。

034

仕事でドイツに行くことになった恩師に、いつ旅立つかを尋ねる場合、どの問いかけが敬語として正しいでしょうか？　正しいものに○、間違っているものに×を付けてください。

①ドイツには、いつ参りますか？　［　　］

②ドイツには、いつ参られますか？　［　　］

③ドイツには、いついらっしゃいますか？　［　　］

④ドイツには、いつお行きになりますか？　［　　］

⑤ドイツには、いつお発ちですか？　［　　］

⑥ドイツには、いつお発ちになられますか？　［　　］

「お行きになる」という尊敬語はない

①×
「参る」は「行く」の謙譲語で、「これから旅行に参ります」「明日、3時過ぎに参ります」のように、自分をへりくだって使う。敬意の対象になる先生に使うのは誤り。

②×
「〜られますか」の形は尊敬表現にあたるが、「参る」という謙譲語に付けても尊敬語にはならない。「参られますか？」は謙譲語と尊敬語の混在した奇妙な日本語だ。

③○
「行く」の尊敬語は「いらっしゃる」なので、正解。

④×

「行く」の尊敬語は「いらっしゃる」「お出かけになる」「おいでになる」「お越しになる」「お運びになる」などがあるが、「お行きになる」という表現はない。

⑤○
「故郷を発つ」「空港を発つ」などのように、出発することを「発つ」とも言う。この「発つ」に「お」を付けて、尊敬表現にしているので正解。

⑥×
「お発ちに」だけで尊敬語になっているため、わざわざ「〜なられる」を付けなくてもいい。この場合は「ドイツには、いつお発ちになりますか？」と言うのが正解。

035

オフィスの廊下で上司が腕組みをして行ったり来たり……。「どうしたのかな?」と思って声をかける場合、敬語として正しいものには○、間違っているものには×を付けてください。

①どうかなさいましたか?　［　］
②どうかいたしましたか?　［　］
③どうしたっていうんですか!?　［　］
④どうかしたのですか?　［　］
⑤どうかされましたか?　［　］
⑥どうかいたされましたか?　［　］

「どうかしたのですか？」はただの丁寧語

①○
「なさる」は「する」の尊敬語なので正解。
②×
「いたす」は「する」の謙譲語。「一層の努力をいたします」「よろしくお願いいたします」のように自分に対して使うが、他人の動作に使ってはいけない。
③×
「どうしたっていうんですか⁉」は敬語ではないうえに、緊急の雰囲気を持つ言葉だ。上司は考え事をしていただけかもしれないので、そこまで言う必要はない。
④×
これはあくまで丁寧語であって、尊敬語ではない。同僚に声をかけるのなら十分だが、上司に対する言葉としては尊敬語を使いたい。
⑤○
「する」の尊敬語に「される」があるので正解。しかし、「される」という言葉は「怪我を負わされる」「本を読まされる」のように、何かの影響を受けるという意味にも使われる。混同しないためにも「なさる」を使うほうが好ましい。
⑥×
「いたす」は謙譲語なので、尊敬語である「～されましたか？」を付けても尊敬語にはならないので誤り。

036

Aさんの後輩Bさんが、課長に同行して出張に行くことになりました。世話焼きのAさんは、後輩Bさんについて、課長に相談しました。敬語の使い方が正しいものには○、間違っているものには×を付けてください。

①予備の手土産を持たせてあげたほうがよろしいですか？　［　　］

②予備の手土産を持たせたほうがよろしいですか？　［　　］

③Bは体質的にアルコールに弱いので、そのあたり、配慮してあげてください　［　　］

④Bは体質的にアルコールに弱いので、申し訳ありませんが、ご配慮いただけますか？　［　　］

036 の答え

「〜あげる」の使い方に注意

①×

「持たせてあげる」の「あげる」は、「申し上げる」のように相手に敬意を表している謙譲語。手土産を持たせる対象は後輩なので、謙譲語を使うのはおかしい。

②○

Bさんは後輩なので、「持たせたほうが」という表現が○。

③×

①の例題と同じく、「あげる」を使うのは誤り。

④○

世話焼きのAさんは、体質的にアルコールに弱いBさんを心配して、「接待のときに新人のBでは、酒を断りにくいので、ちょっと気にかけてほしい」「酒が飲めないので、夜は連れまわさないでほしい」など、いろいろな意味を「配慮」というひと言に込めたと考えられる。

また、アルコール・ハラスメントの問題もあるので、念押しの意味で、このような発言をしたのだろう。「念のためにご配慮を」としてもいい。

ただし、上司に「気を使ってほしい」とは言いづらいので、Aさんは「申し訳ありませんが」のひと言を添えて、丁寧にお願いをしている。

037

出張に出かけるAさんは、早めに駅に着きました。待ち時間の間、駅のポスターや案内板の文字を眺めていると、「おや?」と思う表現を見つけました。違和感がある表現には×、そうでないものには○を付けてください。

① きっぷの購入にはクレジットカードがご利用できます 【　】

② きっぷの購入にはクレジットカードがご利用になれます 【　】

③ クレジットカードをご利用されるお客様へ 【　】

④ クレジットカードを利用されるお客様へ 【　】

⑤ クレジットカードを利用なさるお客様へ 【　】

お客様の動作に謙譲の「ご利用できます」は不適切

①×
相手に敬意を表す尊敬語は「お話になる」「ご指導になる」のように、「お（ご）」＋「～になる」が典型。また、自分をへりくだって言う謙譲語は「お持ちする」「お下げする」のように「お（ご）」＋「～する」が典型的な形。謙譲語の「お（ご）」＋「～する」を可能形にすると、「お（ご）」＋「～できる」。そして尊敬語の場合は「お（ご）」＋「～になれる」になる。したがって、相手の動作に対して謙譲語の形である「お（ご）」＋「～できる」の形、「ご利用できる（できます）」は不適切な表現となる。

②○

「お（ご）」＋「～になれる（なれます）」の形である「ご利用になれます」は可能を表す敬語の形である。また、「ご利用いただけます」でもいい。

③×

④○

「ご利用される」は敬語が重なる二重敬語。「ご利用」だけで尊敬語になっているため、そのあとに尊敬表現の「～される」を付ける必要はない。頭の「ご」を取って、「利用される」だけでいい。

⑤○

「なさる」は「する」の尊敬語。したがって、「利用なさる」は正しい敬語である。

038

上司が書いた企画書を「明日までに読んでおくように」と言われた場合の返答で、敬語の使い方が正しいものはどれでしょう？　正しいものには○、間違っているものに×を付けてください。

①はい、読んでおきます　［　］

②はい、読まさせていただきます　［　］

③はい、読ませていただきます　［　］

④はい、お読みさせていただきます　［　］

⑤はい、拝見いたします　［　］

038
の答え

「サ入れ言葉」「サ付き言葉」に要注意

①×

「読んでおきます」は、ただの丁寧語。

②×

よく耳にする「サ入れ言葉」や「サ付き言葉」といわれる敬語の誤用。「同行させていただきます」や「窓を閉めさせていただきます」のように、「～させていただきます」を付けて敬語表現にするケースもあるが、これらは一段活用動詞やサ行変格活用動詞の場合。「運ばさせていただきます」は「運ばせていただきます」が正しく、「休まさせていただきます」は「休ませていただきます」が正しい。五段活用動詞である「休む」「帰る」「行く」などを丁寧に表現しようと

「サ」を付けると、おかしな敬語になる。

③○

「読ませていただく」は「読む」の謙譲語になるから正解。

④×

「お読み」という敬語表現は、「取扱説明書をよくお読みください」「どうお読みしたらよろしいですか?」のように用いられるが、「お読みいたします」という形では使われない。「させていただく」を付けても誤り。

⑤○

「拝見」は「読む」の謙譲語としても用いることができるので正解。

039

「あいまい表現・ぼかし表現」と呼ばれている言葉ばかりを集めてみました。すっきりとした言葉に置き換えてみましょう。

① ご注文のほうは以上でよろしいでしょうか？

↓

［　　　　］

② いまから映画とかどう？

↓

［　　　　］

③ そのりんご、3つほどください

↓

［　　　　］

039の答え

不必要なあいまい表現「～のほう」「～とか」「～ほど」

①ご注文は以上でよろしいでしょうか

「～のほう」という表現は本来、「北のほうから風が吹く」のように方角を表したり、「私は夏より冬のほうが好きです」のように何かと何かを比較する場合に用いられるものだ。

ところが、最近は若い世代を中心に、この「～のほう」といった表現が広く使われている。「レジ袋のほうはお使いになりますか？」「取り皿のほうはいくつお持ちしますか？」なども「あいまい表現」として違和感を覚えるもののひとつだろう。

②いまから映画を見に行きませんか

「とか」は一般的に、列挙するもののあとに付ける。「映画とかミュージカルとかどう？」と問いかけたのならわかるのだが、映画だけをとって「映画とか」という言い方はおかしい。

ただし、「映画など見に行くのはどう？」という問いかけはＯＫ。「など」には「たとえば」の気持ちが含まれているからである。

③そのりんご、3つください

「～ほど」という語は「3年ほど前のことでしょうか」のように、ハッキリとは言い切れない事柄に用いられるもの。例文では「3つ」という明確な数字が出ているため「ほど」は必要ない。

040

「あいまい表現・ぼかし表現」は、まだあります。さあ、すっきり表現に変えてみましょう。

①午後から打ち合わせが入るっぽいよね

↓

［　　　　　　　　　　］

②私はA案が好きかもしれない（「A案とB案、どちらがいいですか？」と聞かれて）

↓

［　　　　　　　　　　］

③文章が回りくどいって感じかな（「この企画書、どう思う？」の問いを受けて）

↓

［　　　　　　　　　　］

040
の答え

自分のことなのに「かもしれない」では、まるで他人事

①午後から打ち合わせが入りそうな気がします

「～っぽい」は、「いかにも○○という感じがする」という意味で使われるもので、名詞や動詞の連用形などに続いて、そのような状態を帯びている様子を表す。「彼は飽きっぽい性格だ」とか「この部屋、ホコリっぽいね」などのように用いられる。「～っぽい」は広く使える表現であるが、何でもかんでも付けるのは考えもの。

②私はA案が好きです

「～かもしれない」は、副助詞「か」と係助詞「も」が付いた「かも」に、「知れる」の未然形「知れ」と助動詞の「ない」が付いたものである。「午後から雨が降るかもしれない」のように、可能性はあるけれど確実ではないことを表す。例文の「A案が好き」は自分の意見。自分のことなのに「かもしれない」では他人事のように聞こえてしまう。

③文章が回りくどくないですか？

「～って感じ」もよく耳にする言葉である。例文では「回りくどい印象を受けた」と断言するにはいたらない、または断言したくないので、「～って感じ」で文を締めくくっているのかもしれない。社会人として意見を求められたときなどに「～って感じ」はまずい。

041

Aさんは上司であるB部長を尊敬しています。今日は社長も出席した会議で自分の出した企画が無事に通り、ちょっと興奮気味。そのせいか誤った敬語を連発しています。太字の部分を正しい敬語に直してください。

①今回の企画が通ったのはB**部長が頑張られたからですよ！**
↓
［　　　　］

②社長のことを**お叱りになれる**のはB部長しかいません！
↓
［　　　　］

③私はこれからもB**部長のことを助けますよ！**
↓
［　　　　］

④今日は**おバテになった**のではありませんか？
↓
［　　　　］

041 の答え

上司の行為に「頑張る」を使うのは不適切

①部長のご尽力によるものです

「頑張る」や「努力する」というように「苦労して何かをする」という意味を持つ言葉は、目上の人の行為に使ってはいけない。

この場合なら「部長のご尽力のたまものです」といった言い方もいいだろう。

②諫《いさ》められる

「叱る」という表現は、あくまでも目上の人から目下の者に対してのものなので、例文の「部長が社長を叱る」といった使い方はできない。

この場合は、目下の者が目上の人に対して忠告するという意味を持つ「諫める」が正しい。

③部長のお手伝いをさせていただきます

「助ける」には「ほどこし」のニュアンスがあるから、基本的に目下の者が目上の人には用いるべきではない。「お助けする」という表現も好ましくない。この場合は「お力添えする」「お手伝いする」といった別の表現に置き換え、「及ばずながら」を付け加えると、一層へりくだった表現となり、好ましい。

④お疲れになった

俗語などのくだけた言葉に「お」を付けても尊敬語にはならない。「バテる」もそのひとつ。「お疲れになる」に言い換える必要がある。

042

何気ないひと言が職場の人間関係をスムーズにするもの。特に上司への敬語の使い方は、その人の評価を大きく左右することがあります。次の言葉は、どのように言い換えるとさらに好印象になるでしょうか？

①部長にこっそり話したいことがあるんですけど
↓
［　　　　］

②課長、どうしたらいいか教えてくださいよ
↓
［　　　　］

③部長はどう思われますか？
↓
［　　　　］

④課長、僕が運びます
↓
［　　　　］

042
の答え

「お知恵を拝借したいのですが」でアドバイスを求める

①部長のお耳に入れておきたいことがあるのですが

ビジネスでは、内々の情報というものがある。そんな情報を上司に報告するときは「お耳に～」を使うと便利。「報告したいことがあります」より改まった表現なので、上司も「普段とは違うことだな」と感じてくれる。

②お知恵を拝借したいのですが……

「教えてください」という言葉には、甘えのようなニュアンスがあり、「自分でやってみろ！」と言い返される可能性が高い。だが、「お知恵を拝借」には、「あなたの力が必要なのです」といった、相手の自尊心をくすぐる響きがある。部下に頼られたくない上司は少なく、「お知恵を拝借」はアドバイスを求めるスマートな言い回しなのだ。

③部長のお考えをぜひお聞かせください

「部長はどう思われますか？」は間違いではないが、意見を求めるわけだから、「ぜひお聞かせください」のように、へりくだってお願いする表現が好ましい。

④課長、私に運ばせてください

まず、ビジネスで「僕」や「俺」「あたし」といった表現は使わず、自分のことは「私」に統一する。また、「～させてください」といったお願いの形にすることによって、さらに相手を高めた表現になる。

043

悪気はないのに、自分の言ったひと言で、上司をムッとさせてしまうことがあります。次の例文は大丈夫でしょうか？　大丈夫なものには○、別の言葉に言い換えたほうがいいものには×を付けてください。

①ゴルフはいたされますか？　［　］

②この書類でおわかりになりますか？　［　］

③会議の席でのお話、お見事でした　［　］

④今日中に仕上げるのですか？　よろしいですよ　［　］

043 の答え

上司に対して「お見事」は失礼

①×
「いたす」は「する」の謙譲語なので間違い。「〜されますか」と付け加えても尊敬語にはならない。「ゴルフはなさいますか？」が正解。

②×
「持てますか？」「読めますか？」のように、上司に対して能力を問うような発言をしてはいけない。「〜できますか？」は、相手の能力を見くびったり、測ったりしているように感じられるからだ。ここでは「この書類でよろしいでしょうか？」にする。

③×
「お見事」とは、素晴らしかったり、大変立派な様子をほめる言葉である。しかし、ほめ言葉は一般的に上の者が下の者を評価するときに使うものなので、部下から上司に言うのはよくない。この場合なら「大変勉強になりました」のように言い換える。

④×
「よろしいですよ」は、「はい、いいですよ」と相手に許可を与える言葉。上司が部下に対して使うことはできるが、部下が上司に対して「よろしいですよ」などと言うのは失礼にあたる。「よろしいです」を「よろしゅうございます」のような丁寧な表現に直しても同じなので注意が必要。「承りました」などと表現するといい。

044

ここからは主に冠婚葬祭にまつわる問題です。人生の晴れ舞台といえば結婚式。おめでたい席では、きちんとした言葉遣いを心がけたいものです。さて、次の例文は結婚式にはふさわしくないものばかり。失礼のない言葉に直してください。

① 今日は晴れてよかったですね
↓
［　　　　］

② 僭越《せんえつ》ですが、お祝いの言葉を述べさせていただきます
↓
［　　　　］

③ ご僭越ながら、新郎の上司であられるA様からご祝辞を頂戴したいと存じます
↓
［　　　　］

④ 重ね重ね、ご結婚おめでとう
↓
［　　　　］

⑤ 実家に帰ってきたときは連絡してね（新婦に対する友人の言葉）
↓
［　　　　］

044 の答え

「帰る」「切る」「離れる」「戻る」などの忌み言葉に注意

①本日はお天気に恵まれて何よりです

結婚式は大切な儀式。だからこそ、ちょっとした挨拶ひとつでも改まった言葉で述べるほうが好ましい。言いたいことは同じだが、運動会ではないのだから「お天気に恵まれて」を使いたい。

②僭越ですが⇒僭越ながら

「僭越」とは、身分や権限などを越えて差し出がましいことをするという意味。結婚式ではよく耳にするが、「僭越」に続くのは「ですが」ではなく、「ながら」が正しい。

③ご僭越ながら⇒それでは（これより）

「僭越ながら」は自分の行為に対して言うことはできるが、他人に対しては使えない。ましてや来賓である新郎の上司に対して「ご僭越ながら」などと言うのは、もってのほかなのだ。

④ご結婚おめでとうございます

「重ね重ね」や「返す返す」のような繰り返す言葉は、再婚をイメージさせるなど結婚式では「忌み言葉」とされる。あっさりと「おめでとうございます」でいい。

⑤近くに来たときは連絡してくださいね

「実家に帰る」という言葉からは、「離縁して生家に帰る」というニュアンスが感じられるので、結婚式にはふさわしくない。「帰る」「切る」「離れる」「戻る」「散る」など、結婚式には忌み言葉が多く注意が必要だ。

045

人生にはさまざまなお祝い事があります。そんなとき、祝福の言葉やそれに対するお礼をきちんと言えれば、大人として一人前。しかし、それは案外難しく、次の言葉も合格とは言えないものばかり。正しい表現に直してください。

① ご妊娠おめでとうございます！
↓
「　　　　　　　　」

② 大学にお受かりになられて、おめでとうございます
↓
「　　　　　　　　」

③ どうもありがとう！（ご祝儀をいただいて）
↓
「　　　　　　　　」

④ この間は素敵な贈り物をありがとうございました
↓
「　　　　　　　　」

⑤ 卒業できておめでとうございます
↓
「　　　　　　　　」

045の答え

「結構なお品」は便利に使える言葉

①ご懐妊おめでとうございます

「妊娠」はストレートすぎるので「ご懐妊」に置き換える。「ご妊娠」の表現はない。

②大学合格おめでとうございます

「大学にお受かりになられて」という言葉は二重敬語。「お受かりになって」に直したとしても、どこか回りくどい印象を与える。こんな場合は「合格おめでとうございます」といったシンプルな言葉を使ったほうが、こちらの気持ちが伝わるかもしれない。

③ご丁寧に恐れ入ります

ご祝儀とは、祝意を表すために贈る金銭や品物のことだが、一般的には金銭を指す。そのため、「どうもありがとう」と嬉しそうに受け取るのでは幼い印象になる。自分のために散財をさせて申し訳ないという恐縮の気持ちを言葉にして「ご丁寧に恐れ入ります」とするほうが無難だ。

④先日は結構なお品を頂戴し、ありがとうございました

「この間」を「先日」に、「素敵な贈り物」を「結構なお品」に置き換えるだけで、ぐっと改まった印象になる。「結構なお品」というフレーズは、食べ物や実用品、生花などでも使える便利な言葉である。

⑤無事ご卒業おめでとうございます

たとえ単位ぎりぎりで卒業したとしても、「卒業できて」は失礼になる。

046

会社の創立記念、社屋落成祝いなど、いろいろなパーティが開かれます。パーティはさまざまな人が集まる社交場。間違った言葉遣いでは恥をかいてしまうかもしれません。次の例文を正しい言葉遣いに直してください。

①今日は呼んでくださって、ありがとうございます
↓
［ありがとうございます］

②そのドレス、派手で素敵ですね
↓
［　　　］

③もう結構です（料理を勧められて）
↓
［　　　］

④そろそろ帰りますね
↓
［　　　］

⑤今日はご馳走様
↓
［　　　］

046の答え

料理を勧められて断りたいときは「十分頂戴しました」

①本日はお招きにあずかりまして

「呼んでくださる」という言葉自体は敬語として誤りではないが、「お招きにあずかり」「ご招待にあずかり」といった表現のほうが、かしこまった挨拶になる。フォーマルな場では「今日」は「本日」にする。

②素敵なお召し物ですね

「派手」という言葉には「程度がはなはだしい、大仰なこと」という意味もあるので、ほめ言葉として使うのは避けたい。スーツ、ドレス、着物などジャンルに関係なく、相手の着ているものは「お召し物」でOK。

③十分頂戴しました

「もう結構です」からは、拒絶や否定のニュアンスが漂う。「たくさんご馳走になりましたので、もうこれ以上はいただけません」という気持ちをこめて「十分頂戴しました」と答えるのがいいだろう。

④本日はお招きいただきありがとうございました。これで失礼いたします

「帰ります」は普段の言葉なので「失礼いたします」に置き換える。招待されたことへの感謝の言葉も忘れずに。

⑤大変なおもてなしにあずかりまして、ありがとうございました

パーティは食事だけでなく、さまざまなもてなしを受ける場。それらを総合して「大変なおもてなし」と表すのがいい。

047

第一印象というのはとても大切。初めて交わした言葉の印象は、その後のおつきあいに大きな影響を与えます。次の例文を、好印象を与える言い方に直してください。

① はじめまして（上司からお客様に「こちらは部下のAです」と紹介されて）
↓
「　　　　」

② 自己紹介が遅れてすみません。私は〇〇と言います
↓
「　　　　」

③ これからもよろしくです
↓
「　　　　」

④ あっ、あなたのこと知ってますよ
↓
「　　　　」

⑤ あなたに会えて嬉しいです
↓
「　　　　」

047の答え

「ご高名」は相手の名前の尊敬語

①はじめまして。私は○○と申します

お客様に挨拶をするとき、上司が最初に「部下の○○です」と紹介することがあるが、そこで「はじめまして」と頭を下げるだけでは不十分。必ず自分も「○○と申します」「○○でございます」と名乗る。

②申し遅れましたが、私は○○と申します

相手がいくら年下であっても、初対面の相手には敬語を使うのが礼儀。「自己紹介が遅れてすみません」というフレーズは適切ではない。こんな場合は「言い遅れる」の謙譲語「申し遅れる」を使う。

③今後とも、どうぞお見知りおきください

「お見知りおき」は初対面の挨拶の定型。「どうぞお見知りおきのほどを」「お見知りおき願います」と使う。「これからもよろしくお願い申し上げます」でもOK。「よろしくです」は日本語の使い方が間違っている。

④ご高名はかねがね伺っております

「ご高名」とは、評判が高い、または名高いことで、社会的地位の高い人と初めて会ったときにはよく使われる言葉。相手の名前への尊敬語として覚えておきたい。

⑤お会いできて、嬉しく思います

「あなたに会えて嬉しい」は、素直な気持ちの表現だが、初対面の場合は、「お会いできて光栄です」などに置き換えたほうがいい。

048

お見舞いの言葉はとてもデリケート。元気なときであれば何とも思わない言葉が、病気や怪我などで気弱になっている相手を傷つけてしまうこともあります。次の例文を、優しさをこめて直してください。

① 病状はどうですか？
↓
「　　　　　　」

② なんだ、元気そうじゃないですか
↓
「　　　　　　」

③ 仕事のことは心配しないで、のんびり休んでてください
↓
「　　　　　　」

④ 早く（職場に）復帰してください
↓
「　　　　　　」

⑤ 大変ですね（付き添いの家族に）
↓
「　　　　　　」

048
の答え

病状を問うときは「お加減はいかがですか」

①お加減（ご気分）はいかがですか？

病状や病気のことを根掘り葉掘り聞くのはタブー。お見舞いの目的は、病人を元気づけることであって、情報収集ではない。

②思ったよりお顔の色がよろしくて、安心しました

病気のつらさは、本人にしかわからないもの。「なんだ、元気そうじゃないですか」では無神経すぎる。「安心しました」という言葉で、「心配している」という気持ちを遠まわしに伝える。

③仕事のことはしばらくお忘れになって、いまはご養生ください

療養は普通の休暇と違うので「のんびり休む」という表現はふさわしくない。「ご養生」が堅苦しく感じるときは「お大事になさってください」にしてもいい。

④一日も早く復帰されることを、みんなで待っています

「早く復帰してください」だけでは、「早く戻らないと迷惑をかけてしまう」と感じさせ、相手の負担になってしまう。「みんなが待っている」というあたたかい気持ちになってもらうことが大切だ。

⑤お疲れではないですか？

ご家族の体調も案じるという意味で「お疲れでしょう」や「お疲れが出ませんように」と置き換えると優しい表現になる。

049

お見舞いと同様に言葉選びが難しいのが弔事です。日ごろはくだけた会話を交わしている相手でも、弔事の場では改まった言葉遣いをするほうがいいでしょう。次の例文で正しいものには○、間違っているものには×を付けてください。

①実は、夫の姉の長男が交通事故で亡くなってしまいまして……　「　」

②このたびは何と申し上げたらいいのか……（葬儀の際、親族に）　「　」

③昨夜、父が死にました　「　」

④これ、お香典です　「　」

⑤落ち込まないでくださいね　「　」

遺族への励ましは「お力落としのないように」

①×

相手に聞かれないかぎりは、細かく話す必要はない。「実は、身内に不幸がございまして……」だけで十分である。ただし、上司への報告などはこれでもいい。

②○

悲しみの席ではあまり多くを語る必要はないので、「何と申し上げたらいいのか……」と、語尾を濁しても失礼にならない。かえって、立て板に水のように流暢に話すほうが不謹慎な印象を与えてしまう。

③×

「死んだ」という言葉は直接的すぎると同時に、不吉な感じがする。「亡くなりました」「他界いたしました」「息を引き取りました」などに置き換えるのが一般的である。

④×

「これ、お香典です」は死を悼む表現として軽すぎる。「香典」は本来、亡くなった方へお香を薫《くん》じて供える、お香を差し上げるという意味のものなので、こういう場合は「ご霊前にお供えください」というのがふさわしい。

⑤×

家族をなくした悲しみは他人には計り知れないものがあるため、「お力落としのないように」や「お気を強く持ってください」のほうがふさわしい。

050

通夜や葬儀の席などで饒舌である必要はありませんが、遺族が挨拶に来られたときには、心のこもった言葉をかけたいものです。次の例文を、優しさをこめたお悔やみの言葉に直してください。

① 私も何か手伝います！
↓
［　　　　］

② 天寿をまっとうされ……
↓
［　　　　］

③ 大往生でしたね
↓
［　　　　］

④ 大変お気の毒なことです
↓
［　　　　］

050 の答え

「天寿をまっとう」「大往生」は遺族側の言い方

①私でお役に立てることがあれば、遠慮なくおっしゃってください

通夜や葬儀というのは思いのほか忙しいので、手伝いを申し出るのはよい。ただし、「何か手伝います！」のように一方的では迷惑する場合もあるので、「私でお役に～」に言い換えると優しい印象になる。

②ご長命とはいえ、残念なことでございます

「天寿をまっとうする」とは十分長生きして亡くなるという意味。身内の人間が「祖父も天寿をまっとういたしまして……」といった表現で使うが、他人が口にするものではない。まだまだ長生きしてほしかったと願う遺族に対し、「もう十分生きたのだから」と言っているのと同じである。

③安らかな最期だと伺い、少し救われる思いでございます

大往生は、苦しむことなく安らかな最期を迎えること。特に長生きした人が、夜いつも通り床について眠っている間に息を引き取ったような場合に使われる。しかし、「天寿」と同じように遺族側の言葉で、他人が「大往生でしたね」と言うのは厳禁。

④心中お察しいたします

「大変お気の毒～」は遺族にかける言葉としては不適切。こんなときは「悲しい気持ちがわかります」といった意味の「心中お察し～」が相手の心に響く言葉になる。

語彙力アップ講座！

●冠婚葬祭の場で活きてくる敬語力

社会人ともなると、会社関係の冠婚葬祭に参列する機会が増え、婚礼や葬儀の手伝いをすることも多くなります。

「かしこまった場は苦手だ」と思う人もたくさんいるでしょうが、こうした義務から逃れることはできないのですから、せめて与えられた役割を精いっぱい果たしましょう。

もちろん受付や案内係などを任されることもありますから、冠婚葬祭それぞれの場面にふさわしい言葉遣いで応じることが大切です。

婚礼で口にしてはいけない「忌み言葉」については少し触れましたが、葬儀の場でも使ってはいけない言葉があります。

葬儀は何度もあってはいけないことなので、**「くれぐれも」「度々」などの繰り返しの言**

葉や「再び」「再三」といった言葉は禁句です。

また、**「もっと生きていてほしかった」「生きていた頃を思い出す」といった生々しい言葉も悲しみを深めるばかりなので使いません。**

葬儀で受付係を頼まれたら、気をつけなければならないのが、供物や香典などを受け取るときの言葉遣いです。

受付係は遺族側の立場ですが、お香典を預かったときに「ありがとうございます」とか「頂戴いたします」というのはいけません。

お供物や香典は故人に供えるためのものですから、

「ご丁寧に恐れ入ります」
「お預かりいたします」
「供えさせていただきます」

というように答えるのが基本です。

ご遺族にお悔やみを述べる際は、あれこれ工夫するよりも、定番の言い方にしたほうが無難です。

「このたびはご愁傷様でございます」

「心からお悔やみ申し上げます」

「心よりご冥福をお祈り申し上げます」


などが一般的ですが、深く頭を垂れるだけでも十分です。

お悔やみで大切なのは上手に話すことではなく、遺族の気持ちを察して故人の冥福を心から祈ることですから、饒舌に話す必要はありません。

失言のリスクを避ける意味からも、冠婚葬祭の席ではあまり口数が多くないほうがいいかもしれません。

●敬語はお客様だけに使うものではない

「かしこまりました」「恐れ入ります」と、お客様に対しては丁寧な対応をするのに、身内の人間に対しては乱暴な口をきく人がいます。

そういう人が、お客様に見せる笑顔の裏で、部下に「バカ！」「この役立たず」などと暴言を吐いていたら、それは敬語力や語彙力以前の問題です。

部下を怒鳴りつける声がお客様にまで届いたらどうでしょう。お客様としてもいい気持ちはしないでしょう。いまの時代なら、SNSで「パワハラ部長がいる！」などという投稿が拡散され、企業にとって大きなダメージになるかもしれません。

こうなると、丁寧な言葉遣いや敬語を交えた会話は、お客様のためだけではなく、ビジネスを左右する大事なコミュニケーションツールといえます。

お客様の前はもとより、人と向かい合う場では相手に敬意をもって接するのが当たり前。誰もが気持ちよく仕事に集中できるよう、敬語を人と人との関係を滑らかにする潤油として、上手に活かしたいものです。

●失礼にならない質問の仕方とは

会議やミーティングで説明を理解できないことや、疑問に思うことは誰にでもあるでしょう。しかし、上司や先輩が大勢いる中で質問をするには、なかなか勇気が必要です。

話を聞いていても理解できず、疑問が残るようなら、質問することは決して失礼にはなりませんから、遠慮せずに手を挙げても大丈夫です。

ただ、質問をするときの言い方には注意が必要です。

「さっきの説明はわかりにくかったのですが」

「先ほどのお話ではよく理解できませんでしたが」

などと、誰かを非難する話し方はよくありません。こういう場合は、

「先ほどの件をもう少し詳しくお聞かせ願えますか」

「もっと詳しく教えていただきたいのですが」

というように、もう少し詳しく知りたいというニュアンスを伝えられれば、話がスムーズに進みます。

一番いけないのは、質問した相手に「人前で恥をかかされた」と思われること。どんな場合も相手のプライドを傷つけないよう、十分に配慮して発言しましょう。

第4章

もう迷わない！
メール・チャット
の敬語

メール・チャットの敬語って案外難しいのよねー
うわっ、まずい。昨日届いたお客様からのメールを見落としてたーーっ！
まずいっ
すぐご返信して!!
"うっかりメールを見落としていて、すみません"これでいいか
ちっともよくない!!
そういうときは"メールの確認が遅くなってしまい、大変失礼しました"よ
ハイッ！
メールの…遅くなって…

わかりますか？【第４章ダイジェスト】

●（メールの書き出し）拝啓……正しい？
↓
問051

●（メールの件名）○○社の○○でございます……正しい？
↓
問052

●なるべく早く提出してください……より正確な伝え方は？
↓
問054

●お得意様各位様……どこがヘン？
↓
問061

●添付ファイルを送る際の件名のルールは？
↓
問062

051

以下の例文はビジネスメールの書き出しです。ビジネスメールにふさわしいものには○、ふさわしくないものには×を付けてください。

①拝啓　新緑がまぶしい季節となりました　［　］

②（社外の人に）いつもお世話になり、ありがとうございます　［　］

③（社内の人間に）お疲れ様です　［　］

④拝啓　貴社益々ご清栄のこととお慶び申し上げます。また、平素は格別のご高配を賜り厚く御礼申し上げます　［　］

051 の答え

ビジネスメールに頭語・結語、時候の挨拶は不要

①×

ビジネスメールは基本的に、頭語や結語（拝啓・敬具など）、時候の挨拶は入れなくてもいいとされる。

②○

ビジネスメールの書き出しは1行程度の挨拶でいいとされ、「いつもお世話になります」などが一般的に使われる。ただし「お世話様です」はNG。「お世話様」とは、他人が自分のために何かをしてくれたことに対して感謝を表す挨拶。だが、どちらかというと上からものを言うようなニュアンスを含んでいる。立場が上の人、お客様に対しては使わない。

③○

社内の人間あてのメールでも、前文もなしにいきなり本題に入ったのでは失礼になる。自社に電話を入れるときと同じように「お疲れ様です」を使うことが多い。

④×

ビジネス文書であれば○だが、メールの場合はここまで丁寧に挨拶文を入れる必要はない。ただし、おつきあいが浅い相手にメールを出すなら、「このたびは当社のサービスをご利用いただき心より御礼申し上げます」や、「先日はわざわざお運びいただきありがとうございました」など、謝意を表す挨拶文を入れると好印象になる。

052

次の例文はビジネスメールの件名の部分です。書き方が正しいものには○、間違っているものには×を付けてください。

① こんにちは 「　」

② ○○株式会社の○○でございます 「　」

③ 先日は申し訳ありません(>_<) 「　」

④ ○月○日の打ち合わせ、日程変更の件 「　」

⑤ △△に関する問い合わせ 「　」

052 の答え

社名、氏名は件名に添えてもOKの場合がある

①×

ビジネスメールにおける件名は、文章の表題と同じ意味を持つもの。「こんにちは」や「お世話になります」は挨拶文なので、件名に書き込むのはふさわしくない。

②×

ビジネスメールには署名（会社名、部署名、氏名など）を付けるので、件名の部分に書く必要はない。ただし初めてメールを送る相手に「ご質問いただいた件について〇〇株式会社　営業部△△」のように、件名に添える形として入れる場合もある。

③×

手紙ほどの細かな決まりにしばられないが、顔文字などを使ってはいけない。

④〇

「〇月〇日の打ち合わせの件」だけでも間違いではないが、それでは打ち合わせ中止のお知らせなのか、場所が変更になったことのお知らせなのか、本文を読むまではわからない。日程変更という言葉を入れることで、より具体的に本文の内容がわかるようになる。件名を見ただけでおおよその内容がわかるようなものが理想的だ。

⑤〇

「問い合わせ」だけでは何に関する問い合わせなのかわからないが、商品名などを入れることによって、内容が具体的にわかる。

053

メール、チャット、オンライン会議、電話、対面……。ビジネスのコミュニケーション手段は多様化しています。各シーンで正しいと思うものには○、間違っているものには×を付けてください。

①至急お電話いただけますでしょうか（メールで）［　］

②15時から15時半の間に、お電話しても大丈夫でしょうか（チャットで）［　］

③商談が成立しなかったことを上司に報告（電話で）［　］

④声が小さくて聞き取れません（オンライン会議で上司に）［　］

053
の答え

「言いにくいことはメールで」の考えはNG

①×

メールはリアルタイムに相手につながるとは限らないので間違い。チャットなら既読を確認できるからメールよりはいいが、やはり、至急の連絡が必要な場合は電話がもっとも適していると考えられる。

②○

最近では、いきなり電話をするより、チャットでワンクッション置いてから連絡するのが一般的になっているため、これが正しい。

③○

商談が成立しなかったというような重要な内容は、対面、もしくは口頭で説明するほうがいい。「言いにくいことはメールで」という考え方は、ビジネスパーソンとしてNG。

④×

オンライン会議では、音声が聞き取りにくいことは珍しくない。ただ、「声が小さくて聞き取れない」と話すと、相手に非がある意味になるので失礼になる。たとえ本当に声が小さかったとしても、「音声の調子が悪いようです」「回線が安定していないので」と前置きし、「申し訳ありませんが、もう一度お願いできますか」のように依頼するといい。

054

メールを送る際には、情報が相手に正しく伝わることが大事です。次の例文をより正確に伝わるように直してください。

① 近いうちに仕上がりますので、いましばらくお待ちください
↓
［　　　　　　　　　　　　　］

② 明日、お届けにあがります
↓
［　　　　　　　　　　　　　］

③ なるべく早く提出してくださいますよう、お願い申し上げます
↓
［　　　　　　　　　　　　　］

④ お届けは、明日の午後になると存じます
↓
［　　　　　　　　　　　　　］

054の答え

あいまいな表現は避ける

①○日までには仕上がりますので、いましばらくお待ちください

「近いうち」という表現は、人によってとらえ方が異なる。自分では1週間くらいを目安にしたつもりでも、先方が数日という感覚でとらえていたら、「近いうちと言ったくせに遅い」と思われる危険性がある。

②明日の○時頃、お届けにあがります

明日届けると言われても何時頃に来るかがわからず不親切。およその時間がわかっているならその時間を伝え、もし、はっきりしない場合には、「お届けは明日になります。時間がわかり次第ご連絡いたします」のように話す。

③○日までに提出してくださいますよう、お願い申し上げます

「なるべく早く」という表現も、人によってとらえ方の差が出る危険性があり、きちんと期限を伝えたほうがよい。「○日の午後1時までに」「今週木曜日の午前中までに」のように明記する。いますぐにでも提出してほしい場合は、「すでに締め切りを過ぎております。早急に提出をお願いします」といった書き方をする場合もある。

④お届けは、明日の午後○時くらいになる予定です

午後といっても幅があるので、およその時間を伝えるのがマナー。

055

何かを断るなら、直接お会いして伝えるのがベストですが、メールで伝える場面も増えてきています。いいと思うものに○、そうでないものに×を付けてください。

① 今回はお断りせざるを得ない状況です。何卒ご容赦のほどお願い申し上げます 「　」

② 今回の件は、大変申し訳ございませんが見送らせていただきます 「　」

③ 今回の件は、お断りします 「　」

④ 上司に相談したところ、ダメだという返事でしたので、申し訳ありませんが今回は見送らせていただきます 「　」

055の答え

「できない」は「見送らせていただきます」に

①〇

「お断りせざるを得ない」という部分に、「本当はお受けしたいのですが……」というニュアンスが感じられ、ストレートに断るよりソフトな印象になる。また、「何卒ご容赦のほど……」とへりくだることで、相手を立てているので〇。

②〇

詫びる気持ちを表しながら、きちんと意思表示をしているのがこの例。

「NO」というのは勇気がいるが、ダラダラ言い訳をするよりビジネスライクに断ったほうが嫌な後味を残さないことも多い。さらに、「見送らせていただきます」ということで、「また次のチャンスがあれば今度は応じさせていただきます」という含みを感じさせる。

③×

丁寧な言い方にはなっているが、もう少し配慮が欲しい。ひと言「申し訳ありませんが」「残念ながら」を添えるか、あるいは「お断りします」を「お受けしかねます」のように言い換えるとソフトな印象になる。

④×

「上司に相談したところ、ダメだという返事でしたので」は失礼な表現。もし、その状況を伝えるのなら、「社内で検討させていただきましたが」などとする。

056

重大トラブルが起こったらすぐに電話をするのが原則ですが、相手が電話に出ないときは、取り急ぎメールでお詫びを伝えるようにします。問題の原因がこちらにある場合の謝罪メールで、適切なものに○、不適切なものに×を付けてください。

① このたびは当方の不手際で多大なご迷惑をおかけし、心よりお詫び申し上げます。今後二度とこのような過ちを起こさぬよう改善に努めますので、どうぞご容赦くださいませ　［　　］

② このたびは大変ご迷惑をおかけしまして、深くお詫びいたします。今後は十分に注意いたしますので、お許しください。今後ともどうぞよろしくお願いいたします　［　　］

③ このたびは弊社社員が書類を取り違え、大変ご迷惑をおかけしました。何分にも入社間もなくて不慣れなため、このようなミスを犯したようです。本人も深く反省しておりますので、どうぞご容赦を賜りますよう、よろしくお願い申し上げます　［　　］

056
の答え

「当方の不手際で」と素直に非を認める

①〇

「当方の不手際で多大なご迷惑をおかけし」と、自分の側に非があることを改めて申し述べるところがよい。また、「二度とこのような過ちを起こさぬよう」「改善に努め」といった言い方は、謝罪文の基本。余計なことは言わずに、しっかり反省が伝わるお手本のような文章である。

②〇

こちらも①の例文と同じように平身低頭して詫びるスタイル。①と違う点は「今後ともどうぞよろしくお願いいたします」と今後の展望を語っている点で、謝罪に徹した形から一歩進んだスタイルになっている。これにより文面も少し前向きになり、建設的な思考が読み取れる。

ビジネスでは、一時的なミスを乗り越えて新たな関係を構築していく場面も多いので、この結びの言葉は覚えておきたい。

③×

直接会うにしろ、電話やメールで伝えるにしろ、謝罪で一番やってはいけないのは、言い訳をすること。「何分にも入社間もなくて不慣れなため」や「本人も深く反省」など、担当者に責任を転嫁する言い方が目立ち、謝罪文としては不適切。お客様に迷惑をかけたら、言い訳せずに非を詫びるというのが絶対的なルールだ。

057

お得意様のK社長は、「Eくん、元気か？　また寄ってくれよ(*´∀`*)」などと顔文字を交えたメールをよく送ってきます。では、顔文字入りメールに対しては、どういう返事をしたらいいのでしょう。適切なものに○、不適切なものに×を付けてください。

① K社長、ご無沙汰して申し訳ありません。ご連絡嬉しく拝見しました。近いうちにまた寄らせていただきますので、よろしくお願いいたします　［　］

② ご連絡いただきありがとうございます。またご挨拶に立ち寄らせていただきます　［　］

③ 社長、ご無沙汰しております。近いうちに必ず伺いますので、よろしくお願いいたします(*´∀`*)　［　］

④ (^◇^)ノこんにちは☆(=^▽^)毎度ありがとうございます！　［　］

057の答え

ビジネスメールの顔文字はやっぱりタブー

①○

「ご連絡嬉しく拝見しました」と温かみのある表現を盛り込みつつ、相手への敬意も示している。お手本のような返信だ。

②○

親しげなメールをもらうと、つい気を緩めて同調しそうになるが、やはりここはビジネス。相手は社長であり、自分とは立場も異なるので、きちんとした言葉遣いで対応するのが正しい。とはいえ、もう少しぬくもりがあれば、より印象もアップするので、「ご連絡いただきありがとうございます」を「いつも親しく声をかけていただき感謝しています」と言い換えるのもよい。

③×

相手が顔文字を使ったとしても、同調して顔文字を返すことは避けたい。あくまで、連絡をくれたことへの感謝と、相手の誘いに応じ、またお邪魔したいという気持ちを丁寧に伝えることが大事だ。「せっかく親しく顔文字を使ってくれているのに、硬い返信では失礼な気がする」というのであれば、「社長からのメールを心待ちにしております」「K社長からのメールを拝見すると、楽しい気持ちになります。ありがとうございます」のような一文を足せばよい。

④×

このメールでは悪ふざけにしか見えない。

058

取引先から昇進祝いのカードを受け取りました。取り急ぎメールでお礼を伝えることにします。適切だと思うものに○、そうでないものには×を付けてください。

① このたびは過分なお祝いを頂戴いたしまして、身に余る光栄でございます 【　】

② 思いがけずお祝いの言葉をいただき、胸が熱くなる思いです。今後とも一層精進してまいりますので、変わらぬお引き立てをよろしくお願いいたします 【　】

③ 本日はサプライズカードをいただき、感謝感激です。ありがとうございました 【　】

④ 素敵なカードをどうもありがとう。とても嬉しかったです 【　】

058
の答え

「胸が熱くなる思いです」は覚えておきたいフレーズ

①×

カードをもらっただけなのに、「過分なお祝い」と表現するのは行きすぎ。かえって嫌味に取られてしまうかもしれない。また、「身に余る光栄でございます」というのも大げさすぎる。今回の場合、もう少しトーンを落としたほうが気持ちが伝わる。

②○

美辞麗句ではなく「胸が熱くなる思いです」と、素直な感想が書いてあるところに好感が持てる一文。さらに今後の意気込みや感謝の言葉もきちんと書いてあるので、お手本にできるお礼メールといえるだろう。

何より送った人が「送ってよかった」と思う文面であることが大切なのだ。

③×

「感謝感激です」で嬉しい気持ちはよく伝わってくるが、これでは友達同士のメールと変わらない。仕事上のつきあいであることを考えれば、あまりにラフな表現は避けるべきだろう。

④×

「素敵なカードをどうもありがとう」ではビジネスメールとはいえない。プライベートとビジネスの境界線は、はっきりさせておくことだ。

059

お礼を言われて嫌な気分になる人はいません。どんな小さなことでも感謝されれば嬉しいもの。メールは残るので、何度も読み返せるという利点もあります。「先日はありがとうございました」ではなく、具体的に感謝を述べる表現を考えてください。

① 新製品の企画コンペに参加しないかと誘われたとき
↓
「　　　　　　　　」

② 取材させてもらった相手が、取材だけにとどまらず、必要な資料まで揃えてくれたとき
↓
「　　　　　　　　」

③ あれこれと協力してもらい、無事に製品が完成した際
↓
「　　　　　　　　」

059 の答え

「おかげさまで」「お骨折り」は便利な言葉

①このたびは素晴らしい機会をいただき、心より感謝いたしております

期待を寄せてくれている相手に対し、「未熟ではありますが、ご期待にそえるよう精いっぱい努力してまいりたいと存じます」などを付け加えるとより丁重な文章になる。「努力してまいりたい」は「努力いたします」にも置き換えられる。

②このたびは取材にご協力いただいたばかりか、詳細な資料まで頂戴し、なんとお礼を申し上げればよいか、感謝の言葉も見つからないほどです

取材協力に対して感謝すると同時に、進んで資料提供をしてくれた厚意に感激した気持ちも表している。また、「なんとお礼を申し上げればよいか」という表現も、ありがたいという気持ちが率直に表れていて好印象である。

③おかげさまで、無事に製品が完成いたしました。その節はいろいろとお骨折りいただきまして、ありがとうございました

「おかげさまで」は直接的、間接的にお世話になった人に感謝の意を表すもので、枕詞のように使うことができる。また「お骨折り」は、「お手数」や「ご面倒」と同じ意味を持つので広く使える。

060

M美さんは、取引先の担当者が結婚したことを聞き、お祝いのメールを送りました。お祝いのメールにふさわしいものに○、ふさわしくないものには×を付けてください。

① (件名) ご結婚おめでとうございます！！！！　［　　］

② (件名) M美です　［　　］

③ (本文) 末長くお幸せに　［　　］

④ (本文) いつまでも彼のことを離さないでね　［　　］

⑤ (本文) お二人の門出を祝し、心からお祝いを申し上げます　［　　］

060 の答え

件名「M美です」式のメールは削除される危険あり

①×

メールの場合、一般的な文書より「！」や「？」などの記号を使うことが多い。しかし、必要以上に使うとメール全体がふざけているような雰囲気になってしまうため、多用するのは好ましくない。

②×

件名に「○○です」といって女性の名前を入れて送ると、相手は本文を読まずにメールを削除してしまう場合がある。これは俗に「スパムメール」や「ジャンクメール」と呼ばれる迷惑メールに間違われてしまうからだ。

せっかくお祝いのメールを送っても、相手が読まずに捨ててしまえば何の役にも立たない。また、いくら親しくても社外の人間に対して、こんな表現は控えるべき。

③×

「永」には永久、永遠という意味があり、結婚のお祝いの言葉としては「末永く」がふさわしい。

④×

手紙ほど形式にとらわれないといっても、お祝いの言葉のように改まった内容のものは、きちんとした挨拶文を使わなければならない。また、「離す（離れる）」は忌み言葉なのでNGだ。

⑤○

061

大勢の人を対象にしてお知らせを出す際に「各位」を付けることがあります。「各位」を使った例文の中で、正しいものに○、間違っているものに×を付けてください。

①会員各位・株主各位 ［　　］

②関係各位・関係者各位 ［　　］

③保護者各位 ［　　］

④役員各位・管理職各位・支店長各位・従業員各位 ［　　］

⑤お取引先各位・ご協力先各位 ［　　］

⑥お得意様各位様 ［　　］

061
の答え

「各位様」は間違った表現

①〇
②〇
③〇
④〇

①から④までの「各位」を使った例文には特に間違いはない。いずれも、このままで正しい用法といえる。

そもそも「各位」自体は年齢や地位に関係なく使える敬語なのだが、年配の方の中には不愉快に思う人がいることも覚えておこう。

⑤〇

厳密にいえば「お取引先各位」は、「お」と「各位」が一緒に付いた二重敬語になっていて、本来は不適切な使い方といえる。

ところが近年では「お取引先各位」も許容範囲と見なされることが多く、慣用的に使われることも多いようなので〇とする。

⑥×

「お得意様各位様」は間違い。「各位」は、不特定多数に対してその一人ひとりを敬っていう言葉で、「皆様」と同じ意味合いだから、「各位様」は「皆様様」という意味になる。「各位」は目上から目下へ使うものと誤解している人もいるようだが、目上の人に「各位」を用いても、失礼には当たらない。

ただし、前述したように不愉快に思う人がいることも覚えておきたい。

062

添付ファイルを送る際には、その内容を本文中に入れるのがルール。また、件名でも添付ファイルの有無を伝えるのがマナーとされています。次のうち、適切な件名に○を、不適切な件名に×を付けてください。

① 1月開催「新春大売出し」チラシ草案（PDFファイル）送付のご案内　［　］

② 新春大売出し・チラシのラフ案ができましたので、添付して送ります　［　］

③「新春大売出しチラシ」提案資料送付のご案内【添付ファイルあり】　［　］

④ 新春大売出しのチラシをPDFで制作しました。ファイル添付しました　［　］

062
の答え

添付ファイルは内容・形式がひと目でわかる件名で送る

①○

何が送られてくるのかひと目でわかるようにするのが、添付ファイルのあるメールの件名の条件。「チラシ草案送付のご案内」ならタイトルだけで中身がわかる。しかも「PDFファイル」という形式までわかるので非常に親切だ。こうした書き方は適切と言える。

②×

「チラシのラフ案ができましたので、添付して送ります」のように長い文章はビジネスメールの件名には不向き。一見して内容がわかるように、できるだけ簡潔なタイトルにしよう。

③○

「提案資料送付のご案内」という件名なら内容がスムーズに伝わるだろう。「【添付ファイルあり】」というただし書きもわかりやすい。

④×

内容はわかってもダラダラとした件名が付いていてはNG。長々と文章化するくらいなら「新春大売出しのチラシ【PDFファイル添付】」と短くしたほうが読みやすく理解しやすい。

063

チャットとメールの大きな違いのひとつに「件名」の有無があります。メールの場合、受信したメールにそのまま返信すると、件名は「RE:」の次に元のメールのタイトルが自動的に付いたものになります。そもそも「RE:」は何という言葉の略なのか、次の中から選んでください。

① Return（戻す）

② Reply（返事をする）

③ Response（返答）

④ Remark（手短に書く）

⑤ Res（ラテン語で「〜について」）

063
の答え

返信の「RE:」はそのままでも失礼にならない

⑤

実は、諸説あるが、もっとも有力と考えられるものは⑤。「~について」「~に関して」という意味で使われていた、ラテン語の「Res」だといわれている。

しかし、戻すという意味の「Return（リターン）」、返信を意味する「Reply（リプライ）」、返事をする、反応するという意味の「Response（レスポンス）」を略したものだという説もある。

では、返信には必ず、「RE:」を付ける必要があるかどうか。これに関しては、付けたほうがいい。なぜなら、「RE:」がついていないと、返信ではなく、新しい話題のメールと思われるかもしれないからだ。

特にたくさんのメールをやりとりしている人にとって、返信かそうでないか、一目でわかる「RE:」は大切。

また、「FW:」という文字がタイトルに付いている場合がある。これは、「Forward（フォワード）」の略。送られてきたメールを別の人に転送する際、メールソフトの転送機能を使うとこの文字が表示される。転送であると相手に伝えるために、「FW:」は外さなくてもよい。

064

取引先から自分あてではないメールが届きました。添付ファイルも付いています。誤送信のようですが、メールをする際には、どんな文面が適切でしょうか。いいと思うものに○、そうでないものには×を付けてください。

①先ほど送られてきたメールですが、間違いですよね。確認されてはいかがですか　［　　］

②○時○分に、△△様あてのメールが私のアドレスに届きました。誤送信と思われますので、取り急ぎお知らせいたします　［　　］

③本日、○時○分にお送りいただいたメールの件でご連絡です。宛名が違っておりましたが、念のため添付ファイルを開いたところ、やはりお間違いのようですのでご確認ください　［　　］

④先ほど、△△様あてのメールが私のところに届きました。ご確認いただけますか。なお、添付ファイルは開いておりません　［　　］

⑤先ほど△△様あてのメールが届きました。△△様のメールアドレスは存じておりましたので、転送しておきました　［　　］

064の答え

添付ファイルは開かないのがマナー

①×

「間違いですよね」は普段の言葉遣い。「お間違いではないでしょうか」「誤送信ではありませんか」などに換える。また、「確認されてはいかがですか」という表現は、「ご確認いただけますか」「ご確認いただけますでしょうか」などにする。

②○

何時何分に届いたか、宛名は誰だったかを明記すると相手は間違いを確認しやすい。

③×

宛名が違っている場合、まず予想されるのが誤送信。また、本文や添付ファイルのタイトルを読めば、それが自分に送られたものかどうかはすぐにわかるはず。それなのに、わざわざ添付ファイルを開いて確認するのは失礼。添付ファイルは絶対に開かず、先方から連絡が来たら、すぐにメールも添付ファイルも削除するのがマナー。

④○

添付ファイルを見たかどうか、相手は気になっているかもしれない。しかし、「見ましたか?」とは聞けないので、こちらから見ていないと伝えるのは親切である。

⑤×

たとえ、宛先のメールアドレスを知っていても、他人のメールを勝手に転送するのは厳禁。

065

リモートワーク中、上司とチャットで打ち合わせをしています。翌日までに資料を作ってほしいと言われたとき、どういう言葉遣いで返答するのが適切でしょう。正しいものに○、間違っているものに×を付けてください。

①了解です！　［　］

②承知しました　［　］

③ちょっと難しそうです　［　］

④明日は厳しいですが、明後日の午前中まで待っていただけるのなら可能です　［　］

065 の答え

「了解」は上司への言葉としては敬意に欠ける

①×

何かを依頼された返事に「了解」を使う人が多いようだ。しかし、「了解」は「わかった」という意味なので、ビジネスシーンで、特に上司に対して使うには敬意が足りない。

②○

「つつしんでうけたまわる」という意味の「承知しました」を使うのがいい。さらに丁寧な表現にするのなら、「承知しました」にプラスして、「明日、午前中に提出いたします」「明日の午後3時までには提出できるよう作業します」のように書く。

また、「はい、明日の午前中に仕上げます。確かに承りました」などの書き方も丁寧で好感度が高い。

③×

明日までの提出が難しいなら、「申し訳ありません。実は○○の納期が迫っており、いまはその作業を進めているところです」というように、はっきり理由を述べ、「いかがいたしましょうか」と、上司に判断を委ねる書き方をするといい。

④○

単に断るのではなく、代案として「明後日の午前中までならできる」と伝えるのは、仕事への意欲を感じられて好印象になる。

066

上司にメールを送りました。特に返信の必要がないと伝えたい場合、どんな言葉遣いが適切でしょう。正しいものに○、間違っているものに×を付けてください。

① 返信不要です 「　」

② ご返信には及びません 「　」

③ 返信のお気遣いは無用でございます 「　」

④ 特に返事は必要ないです 「　」

066
の答え

「返信のお気遣いは無用」で尊敬の念も伝わる

①×

会話の中で「返信は不要です」と伝えられるのと、文字で「返信不要です」と送られてくるのでは、受け手の印象がまるで違う。「不要」という言葉の持つ否定的なニュアンスが相手を拒むように感じられるので、適切な表現とは言えない。

②○

内容は返信不要と同じなのだが、優しさと物腰の柔らかさが伝わってくる。

「お送りした内容に不備がないようでしたら、ご返信には及びません。ありがとうございました」などと締めくくれば、さらに丁寧な印象になる。

③○

「無用」とは「必要がない」という意味の言葉。そのため、「返信は無用でございます」としてもいいが、ワンランク上の敬語を目指すなら、「返信のお気遣いは無用」を用いるといい。

上司が返信することを「返信のお気遣い」と書くことで、上司への尊敬の念が伝わる表現になる。

④×

返信不要と同様、相手を拒否するニュアンスが強いので、適切ではない。

067

新規のお客様にメールを送ります。初めてのメールで、書き出しの挨拶はどのように書けばいいでしょう。正しいものに○、間違っているものに×を付けてください。

① 突然のメールで失礼いたします 「　」

② いつもお世話になっております 「　」

③ 初めてご連絡を差し上げます 「　」

④ ○○様のご紹介でメールを差し上げております 「　」

067 の答え

新規のお客様に「いつもお世話に」は使わない

①〇

取引先やお客様、目上の方に初めてご挨拶する場合は、本来は、訪問や電話のほうが適している。しかし、現実的にはそれが難しいことがあり、メールを用いるケースも増えている。

「突然のメールで失礼いたします」だけでもいいが、「本来なら、直接ご挨拶申し上げるところですが」をプラスするとさらに丁寧な文面になる。

②×

「いつもお世話になっております」は、すでに取引や関係がある相手に向けての挨拶。新規のお客様に送るメールには使えない。

③〇

「初めてメールを差し上げます」でも間違いではないが、「ご連絡」を使ったほうが丁寧な印象になる。また、「差し上げる」を使うことで相手への敬意を示せる。

「始めてご連絡を……」の誤変換に注意。

④〇

面識のない相手からのメールには誰でも警戒する。そこで、「〇〇様のご紹介で」を添えると安心してもらえる。

「〇〇様からメールアドレスを伺い、メールを送らせていただきました」などの言い回しでもいい。

068

お客様からメールが届いていたのに、返信が遅くなってしまいました。こんなときはどんな文面が適切でしょう。正しいものに○、間違っているものに×を付けてください。

① 返信が遅くなり大変申し訳ありません　［　］

② バタバタしており、返信が遅くなりました　［　］

③ うっかりメールを見落としており、すみません　［　］

④ 出張が続いており、返信が遅くなりましたこと、お詫び申し上げます　［　］

068 の答え

「バタバタしており」はお客様に対して失礼な表現

①○

ビジネスメールは、できれば当日に、遅くとも翌営業日には返信するのがマナー。それができなかったら、しっかりと謝罪をする必要がある。

②×

外出や会議が続いたり、せわしなく動き回る様子を「バタバタ」と表現したのだろうが、お客様に対して「バタバタしており」は失礼。読み方によっては「忙しかったから返信ができなかった」と言い訳しているようにも受け取れる。

③×

お客様からの大切なメールを見落とすなど、ビジネスパーソンとしてあってはならないこと。ましてや、「うっかり」などと書けば、「安心して仕事が任せられない人物」と思われてしまう。たとえ見落としていたとしても、「メールの確認が遅くなってしまい」のように伝えるべきだ。

また、「すみません」ではなく「申し訳ありません」「大変失礼しました」などを用いる。

④×

出張が続いていても、メールの確認はわずかな時間でできるはず。余計な言い訳はしないで、遅くなったことを丁寧に詫びるほうが感じがいい。

069

お客様に資料を送りました。「わからないことがあったら連絡をください」という内容を伝える場合、どんな表現がふさわしいでしょう。正しいものに○、間違っているものに×を付けてください。

① わからないことは、何でも聞いてくださいね　［　］

② ご質問等ございましたら、お気軽にご連絡ください　［　］

③ ご不明な点がございましたら、どうぞ遠慮なくお問い合わせください　［　］

069 の答え

「お気軽にご連絡ください」は便利な定番フレーズ

①×

全体的に普段使いの言葉のため、ビジネスシーンには不適切。

また、「わからないことは……」という表現が間違い。この書き方では、お客様のほうが理解できなかったというニュアンスを感じさせてしまうからだ。

「敬語は言葉のおもてなし」。たとえお客様の読み解く力が足りずに内容を理解できなかったとしても、それはお客様のせいだと考えるのではなく、「こちらの説明が足りなかった」「説明の仕方が悪かった」というへりくだった気持ちで言葉を選ばなくてはならない。

②○

「ご質問等ございましたら」というのは、お客様の理解が足りないというニュアンスにはならないのでOK。また、「お気軽にご連絡ください」は、質問のために連絡するときのハードルを下げる定番のフレーズ。

③○

「不明な点」は「質問」と同じ意味合いで使われる。「どうぞ遠慮なくお問い合わせください」も、お客様に呼びかける定番フレーズ。

「ご不明な点がございましたら、どうぞ遠慮なく、営業部の○○までお問い合わせください」と、自分の名前を入れておくといい。

070

相手に謝罪をするときは、本当なら、対面か電話で伝えなくてはなりません。しかし、まず先にメールを送る場合に、表現として正しいものに○、間違っているものに×を付けてください。

① 取り急ぎメールを差し上げました。改めてお電話差し上げます　［　］

② とりあえずメールを読んでください　［　］

③ メールで心苦しいのですが、取り急ぎお詫び申し上げます　［　］

④ 改めて御社に伺いお詫び申し上げます。まずはメールにて失礼します　［　］

070 の答え

「取り急ぎ」でスピード感が伝わる

①◯

「取り急ぎ」は「急ぐ」を強めて表す語で、一刻も早く何かをしようとする際に使われる。謝罪にはスピード感が求められるので「取り急ぎ」は適切な言葉。

「改めてお電話差し上げます」をプラスして、「本当は自分の声でお詫びを伝えなければならないが、それがかなわないのでメールを送っている」という思いを伝えている。

②×

「とりあえずメールを読んでください」は大変失礼である。なぜなら、「いまは他にすることがないだろうから、メールでも読んでおいて」という意味にもとられかねないからだ。「とりあえず」という言葉には雑なニュアンスもあり、ビジネスシーンでは気をつけたい表現である。

③◯

「心苦しい」という部分に、申し訳ないという気持ちと、相手に対する真摯《しんし》な思いが伝わってくる。

④◯

「改めて御社に伺い」「まずはメールにて」という部分に、「このメールだけですませるつもりはない」という思いが込められ、直接謝罪したいという気持ちが伝わるため適切な文面といえる。

071

先輩や上司に、指導に対するお礼のメッセージを送りたいと思います。ふさわしい文章には○、間違っている文章には×を付けてください。

① いつも、ご丁寧にありがとうございます 「　」

② 的確なご指摘、感謝しております。大変勉強になりました 「　」

③ 部長にはいつもご指導いただき、感謝の気持ちでいっぱいです 「　」

④ ご指摘いただきありがとうございます。すぐに直して頑張ります 「　」

071 の答え

素直な気持ちを丁寧な言葉で伝える

①×

「ご丁寧にありがとうございます」は文法的には間違いではない。しかし、この一文だけを見ると、人によっては皮肉や嫌味に感じることも。もし「ご丁寧」を使うのであれば、「ご丁寧な指導をいただき、誠にありがとうございます」のように他の言葉を添えるか、または「お忙しい中、ありがとうございました」などと言い換えるほうがいい。

②○

「大変勉強になりました」は、目上の人に対して感謝を伝えるのに適したフレーズ。

③○

「ありがとうございます」「感謝しております」というスタンダードなお礼の言葉を「感謝の気持ちでいっぱいです」にすると、若々しさと、あふれるほどの感謝が伝わり、好感が持てる。比較的、近い距離感の相手に用いるといい。

④○

指摘や指導を成長のチャンスととらえる、素直な気持ちが伝わる表現。対面や電話と異なり、メールは感情が伝わりにくい。そのため、こうした素直な気持ちが読み取れると、心に残りやすい。

072

お客様への感謝の気持ちを伝えるお礼のメールです。正しいものには○、間違っているものには×を付けてください。

①「心からありがとう」の気持ちを伝えたいです　［　］

②格別のお引き立てをいただき、誠にありがとうございます　［　］

③日頃より格別なご配慮をたまわり、深謝いたします　［　］

④感謝の思いを、何と伝えればいいのか……　［　］

072の答え

「格別のお引き立て」は覚えておきたいフォーマル表現

①×

お客様に対しては、「ありがとう」ではなく、「ありがとうございます」である。また、「気持ちを伝えたい」というのは、そう願っているという意味。そんな回りくどい表現ではなく、「感謝の気持ちをお伝えします」とストレートに書くほうがすっきりする。

少し凝った書き方をしたいのなら、「○○様にはお礼の申し上げようもございません」「重ねて御礼申し上げます」「重ね重ね御礼申し上げます」などもある。

②○

ビジネスシーンにおけるフォーマルなお礼の言葉。「平素より格別のお引き立てをいただき、ありがとうございます」は、感謝を伝えるときだけでなく、メールや手紙の冒頭に用いる。

③○

「深謝」は話し言葉で使われることは少ないが、深い感謝を表す美しい日本語である。ただ、深謝には「深くお詫びする」という意味もあるので、前後の言葉の選び方には注意が必要だ。

④×

友人とのやりとりなら使えるが、ビジネス上では、「何と伝えればいいのか……」のように、語尾を濁す文章は適切ではない。

073

上司から大いにほめられました。感謝の気持ちをメールで送る際にふさわしい文面には○、間違っているものには×を付けてください。

①すごく嬉しいです。天にも昇る気持ちでございます　［　］

②過分なおほめの言葉。背筋が伸びる思いでございます　［　］

③もったいないお言葉をいただき、身の縮む思いでございます　［　］

④身に余るお言葉をいただきましたこと、心より感謝申し上げます　［　］

073の答え

慎み深さが伝わる「身に余るお言葉」

①×

「天にも昇る気持ち」とは、これ以上ないくらい嬉しいという意味。このメールを受け取った上司も嫌な気持ちにはならないだろうが、「すごく嬉しいです」では、表現が幼い。「おほめの言葉をいただき、天にも昇る気持ちでございます」のようにすればいい。

②〇

「過分なおほめの言葉」とは、自分には もったいないほど、自分には過ぎたほめ言葉という、へりくだった表現である。また、「背筋が伸びる思い」は、姿勢を正し、しゃきっとした気持ちになることを表す。

ビジネスパーソンらしい、慎み深く、誠実な思いが伝わるお礼の言葉といえる。

③×

「もったいないお言葉をいただき」は、ほめられたことに対して謙遜の気持ちを表すフレーズ。ただ、それに続く「身の縮む思いでございます」が間違い。

なぜなら、「身の縮む思い」は、恐怖や緊張のあまり、体が丸まって小さくなったように感じるという意味なので、ほめ言葉に対しては使うのは適切でない。

④〇

「身に余るお言葉」は「私にはもったいないほどのほめ言葉」という意味で、慎み深さをうまく表現している。

074

お客様に、資料を確認してほしいとメールでお願いする場合、適切な表現には〇、間違っているものには×を付けてください。

① 資料を確認してくださると助かるのですが……　［　］

② 資料を確認してください。お願いします　［　］

③ 資料を確認していただくことは可能でしょうか　［　］

④ 恐れ入りますが、資料のご確認をよろしくお願いします　［　］

074 の答え

「恐れ入りますが」を使って柔らかく依頼

①×

話し言葉ならまだ気持ちが伝わるが、メールで語尾を濁すのはＮＧ。また、「助かる」というより、この場合は「幸い」を使用したほうがいい。

「資料をご確認いただければ幸いです」のように、きちんと言い切るようにする。

②×

お客様に対して「してください」はＮＧ。「お願いします」と言葉を足しているが、違和感が残る。「資料の確認をお願いいたします」などの言い換えが適切。

③○

お客様に何かをお願いする際には、「～でしょうか」のように疑問形にすると、柔らかい印象を与えられる。

「資料を確認していただけますでしょうか」「資料の確認をお願いしてもよろしいでしょうか」などの言い方もある。

④○

「恐れ入りますが」という、前置きとなるクッション言葉を使っているので、丁寧な印象を与えている。「お忙しいところ恐縮ですが」や、「お手数をかけて申し訳ありませんが」などのクッション言葉を使ってもいい。

075

目上の人に資料を貸したのですが、一向に返してくれません。メールで返却してほしいことを伝えるとき、どんな言葉がいいでしょう。正しいものに○、間違っているものに×を付けてください。

① 月末までに必ず返してください 「　」

② 資料がなくて私も困っているのです。返却してください 「　」

③ 催促がましくて申し訳ありませんが、返却をお願いできますでしょうか 「　」

④ いい加減、返していただきたいと存じます 「　」

075 の答え

いら立ちは抑えて、角が立たない言い回しを使う

①×

目上の人への敬意が感じられない。借りたものを返さない相手が悪いが、文面ではその気持ちを抑えて、「月末までに返却をお願いいたします。お忙しい中恐縮ですがよろしくお願いします」のように書くと、角が立たない。

②×

同僚に対しての連絡ならこれでもいいが、伝える相手が目上であれば配慮が必要。「以前、お貸しした資料を使うことになりましたので、お手数ですが返却をお願いできますでしょうか」のように、「困っている」ではなく「使うので返してほしい」という伝え方が大人の作法。

③○

実際に催促しているわけだが、「催促がましくて申し訳ありません」という書き方をすると、柔らかい印象になる。ワンランク上の言葉遣いだ。

また、「以前、お貸しした資料はまだお手元におありですか」のように、変化球の表現もある。

④×

目上の人に対して「いい加減」などという言葉を用いるのは絶対にNG。いくら「いただきたいと存じます」と謙譲語で締めくくっても意味がない。

076

お客様に見積書を送りました。しかし、約束の日になっても返事がありません。そんなとき、どんなメールを送ればいいでしょう。正しいものに○、間違っているものに×を付けてください。

① ご回答賜りますようお願い申し上げます　［　］

② その後、どうなっていますか。返事をお待ちしています　［　］

③ お忙しい中恐縮ですが、ご回答のほどよろしくお願いします　［　］

④ 約束の期日を過ぎています。回答をお待ちしています　［　］

076 の答え

「賜る」「申し上げる」で「お願い」の気持ちを表現

①○

お客様に返事を促す際には、「お願いする」という気持ちが大切。「賜る」や「申し上げます」はどちらもへりくだった表現なので、「回答をお願いしたい」という気持ちが伝わる。とても丁寧な一文。

②×

「その後、どうなっていますか」は、くだけた言い方でお客様に対して失礼になる。「見積りの件、ご検討いただけましたでしょうか。お手すきの際にご連絡を頂戴できれば幸いです」のように言い換えれば、丁寧なものになる。

③○

「お忙しい中恐縮ですが」というクッション言葉を頭に置いているため、柔らかな印象になる。「ご多用中とは存じますが」と言い換えることも可能。

④×

「約束の期日を過ぎています」は、相手を責めている印象が強く、間違い。「○○日までにご回答をいただけるとのことでしたが、ご検討いただけましたでしょうか。お忙しいとは存じますが、何卒ご回答のほどよろしくお願いします」のように言い換えれば、柔らかな表現になる。

077

お客様に来社してほしいというメールを出すとき、正しい表現には○、間違っているものには×を付けてください。

① 来てくださるのをお待ちしております　［　］

② ぜひとも、弊社にお参りください　［　］

③ ぜひともお立ち寄りください　［　］

④ 一度足を運んでいただけますと幸いです　［　］

077 の答え

「お越しください」「お立ち寄りください」が適切

①×

「来てくださるのを」では、幼い印象。「お越しいただけるのをお待ちしております」「お見えになるのをお待ちしております」のように、言い換えるほうがいい。

また、「スタッフ一同、○○様のお越しを心よりお待ちしております」という書き方も好印象である。

②×

神社仏閣などの案内なら、「お参りください」は間違いではないが、お客様に対して「お参りください」は間違い。この場合は、「お越しください」「お立ち寄りください」「足をお運びください」などが正解。

③○

「お立ち寄りください」は、わざわざ出向いてもらうのではなく、「気軽な気持ちで来てください」というニュアンスが伝わる表現。

④○

「足を運ぶ」とは、「わざわざ訪ねていく」という意味の語。だからこそ、「そうしてもらえたら嬉しい」という意味の「幸いです」で締めくくるといい。

「新しいショールームが完成いたしましたので、一度足を運んでいただけますと幸いです」のように用いる。

078

失敗について謝罪の気持ちを伝える文面です。正しいものには○、間違っているものには×を付けてください。

① 私の至らなさが招いた結果でございます 「　」

② 100%私のミスでございます 「　」

③ 私の不徳の致すところでございます 「　」

④ 担当者のチェックミスが原因です。申し訳ありません 「　」

078 の答え

他人のせいにせず、「私の落ち度」で反省を伝える

①○

謝罪で大切なのは、言い訳よりもまずしっかり謝り、反省の気持ちが伝わること。「私の至らなさ」で、配慮の足りなさや、自分の未熟さを表現し、それが原因で失敗したとしっかり認めているのが伝わる。

この後に、「今後はこのようなことがないよう、肝に銘じます」のように反省や決意をプラスすると、よりよい謝罪となる。

②×

謝罪は、たとえ親しい間柄でも、きちんとした言葉遣いで伝えなければいけない。「100％私のミス」という言い方はくだけすぎているため、「完全に私の落ち度でございます」のように言い換えるといい。

③○

「徳」とは、身についた品性。社会的に価値のある性質。善や正義にしたがう人格的能力のことで、その逆の「不徳」は、徳が足りないこと。

「不徳の致すところ」は、弁解の余地のないようなミスの謝罪の際に用いられることが多い。「大切な会議の日程を間違え、誠に申し訳ありません。私の不徳の致すところでございます」のように用いる。

④×

「○○さんのミス」などと他人のせいにして、自分を棚に上げるのは見苦しい。

079

たびたび連絡しているにもかかわらず、お客様から入金（納品）がなく困っています。迷惑していることを伝える表現として正しいものには○、間違っているものには×を付けてください。

① お約束を守っていただけない状況に迷惑しております　［　］

② 期日を過ぎても納品していただけず、困惑しております　［　］

③ 業務に支障が出ています。どうしていただけますでしょうか　［　］

④ これは由々しき事態でございます　［　］

079
の答え

はっきりした対応を、行き過ぎない文面で求める

①×

入金や納品は、期日を確実に守ってもらわないと困る。そのため、はっきりと対応を求める文面にする必要がある。

とはいえ、「迷惑しております」という表現は行き過ぎ。今後の関係性にひびが入りかねないので「迷惑」ではなく、どうしていいかわからず困っているという意味の「困惑」を使うほうがいい。

②〇

③×

こちらが求めているのは、一日も早い入金（納品）である。「どうしていただけますでしょうか」という質問は的を外れている。

「お約束の期日が過ぎております。早急にご対応いただけますか」や、「これ以上の遅延がございませんよう、早急のご対応をよろしくお願いします」などのように伝える。

④×

確かに、由々しき事態なのかもしれないが、それを言っても仕方がない。相手の心に訴えたいのなら、「これ以上お支払いが遅れると、弊社の資金繰りの関係上、非常に苦しい立場に置かれます。大至急、お支払いをお願いします」といった伝え方もある。

知識力アップ講座！

●読みやすいメールの秘訣

初めておつきあいする会社の営業担当者からメールが届きました。ところが、そのメールの読みにくさにがっかり。

このたびは弊社の製品資料をご請求いただき、誠にありがたく存じますが、カタログだけではわが社の多岐にわたる営業形態が十分にはおわかりいただけないかと思い、別途、最新の会社案内と弊社社長執筆の著書、また創立30周年を記念して制作した業務案内ＤＶＤをご送付したいと考えておりますが、いかがでございましょうか。

きちんと敬語は使っているものの、ダラダラと続く長文メールは読みにくく、思わず削除したくなったそうです。

このように要領を得ないメールでお得意様を悩ませるのでは、ビジネスパーソン失格です。相手がさっと読めて、すんなり理解できるビジネスメールをめざしたいものです。

この例文では、文章が長すぎて読むだけで疲れてしまいます。

まずは、**文章がまとまって大きなブロックになるのを防ぎましょう。**一文が長くなるときは大きなブロックになった文章は、読み手に負担を感じさせます。一文が長くなるときは文章の区切りのいいところで1行分のスペースを空け、その後で次の文章をもってくると、ずいぶん読みやすくなるものです。

また、横書きメールの1行当たりの文字数が35字以上になると、左右に大きく視線を動かさなくてはなりません。1行の文字数は35字以内にするのが基本です。

さらに簡潔な内容にするなら、**箇条書きもおすすめ**です。箇条書きは硬すぎて印象がよくないと思う人もいるかもしれませんが、読みやすさを優先するなら、ダラダラとした文章を続けるより箇条書きで要点を明確にしたほうが親切です。

敬語を使って丁寧な文章を書くことは大切ですが、簡潔でわかりやすいメールを送ることも、相手に対する敬意を表しているのです。

自分が受け取って「これは読みやすい」と思うようなメールこそ、仕事に役立つコミュニケーションツールといえるでしょう。
ちなみに、先のダラダラメールを箇条書きも入れて書き直すと次のようになります。

このたびは弊社の製品資料をご請求いただき、ありがとうございます。
弊社の営業形態をよりご理解いただきたく、
別途、下記をご送付したく存じます。
・最新の会社案内
・弊社社長執筆の著書
・創立30周年を記念して制作した業務案内ＤＶＤ
以上、宜しくお願い申し上げます。

●ビジネスメールの返信は1営業日以内に

自分が送ったメールになかなか返事がないと、「返信はまだかな？」「ひょっとしてまだ読まれていないのかもしれない」と、つい心配になってしまうものです。

ビジネスメールの場合、返信は1営業日以内がマナーといわれています。

休日以外で1日以上返信がない場合は、受信者に都合があってメールが読まれていないか、スパムメールと間違われて迷惑メールとして処理されたか、何か特別な事情でメールの機能が阻害されている可能性も考えられます。

自分が受信者の場合、多忙でなかなか対処できないこともありますが、そういうときでもきちんとした返信を出す前に、「受け取りました」というメールだけでも出しておきましょう。

「ご連絡ありがとうございます。メールを拝見いたしました。お待たせして申し訳ありませんが、明後日にお返事申し上げます。よろしくお願いします」

などと、とりあえず「読みました」という報告だけはしておきます。

こうすれば、先方に余計な心配をかけず、時間的なプレッシャーを回避することもできます。最初にスピーディーな対応をしておけば、その後のストレスを減らせるわけです。

携帯電話で受信しても、移動中だったり、電波の届かない状態にあったり、すぐには対応できない場合もあるでしょう。

こういう場合も、できるだけ早く、

「電車で移動していましたので、すぐにお返事できませんでした。返信が遅れて申し訳ありません。後ほど改めてご連絡します」

などとお詫びのメールを返信しておきましょう。

このような対応をしていれば、お互いの理解が深まり、その後のコミュニケーションもうまくいくはずです。

●メールでの問い合わせには丁重な応対を

最近はネット通販の利用者が増えると同時に、メールでの問い合わせや相談も増加の一途をたどっています。

「商品説明がわかりにくい」「もっと大きなサイズが欲しいのだが」「希望の色ではなかったので交換してほしい」など、いろいろな質問や相談が寄せられるカスタマーサービスでは、どんなメールにも丁寧に対応するのが基本です。

なかには「サイトの説明をよく読めば簡単にわかるのに」と思うことも多く、つい「ホームページには図解入りで詳しい説明がございますので、よくご覧ください」と応じたくなるかもしれません。しかし、それではお客様に「理解できない私が悪いの？」と思わせてしまい、大変失礼です。

お互いに顔が見えないだけに、メールでの問い合わせには丁寧すぎるくらいの応え方でちょうどいいのです。もっともいけないのは、問題の責任をお客様に転嫁することです。「よく読めばおわかりいただけると思いますが」などというのは論外です。

「サイトの説明がわかりづらくて申し訳ありません」
「もしご不明なところがあれば、何なりとお尋ねください」

と、決してお客様を責めないことが肝心です。

●ビジネスチャットは簡潔な敬語がポイント

昨今はチャットを導入する企業が増えています。チャットは、素早く、そして同時に複数の人とやりとりができるという利点があります。

ビジネスですから敬語を使うのはもちろんですが、それに加えて、**メールや手紙よりも、手短で簡素な文面**が求められます。

たとえばメールでは、「恐れ入りますが、〇〇日までに資料を揃えていただけますでしょうか。どうぞよろしくお願い申し上げます」と書くところを、チャットでは、「〇〇日までに資料を揃えてください。よろしくお願いします」などと簡潔に書きます。

返信も時間を置かずにテンポよく、**「午後2時までに回答します」「すぐ確認します」「今日中に提出します」のように、文字数は少なく、そのうえで敬意が伝わる**ように心がけます。

また、急ぎの連絡は、一目でわかるように、**【至急】【緊急です】**などと、目を引くような工夫をするといいでしょう。

第5章

評価があがる！ビジネス文書の敬語

重ねすぎは要注意！
お客様からのご意見への返信を確認していただけますか
どこですか？
丁寧でいいのだけれど、1つ気になるところが……
“お客様のご提案を拝読させていただきました”
あっそうでした！
えっ
どこが悪いのかわからない
“拝読させていただく”は敬語の重ねすぎで
“ご提案を拝読しました”でいいのよ
そうだったのか——

わかりますか？【第5章ダイジェスト】

080

次の言葉をビジネス文書用の言葉に書き換えてください。

① 教えてください
↓
［　　　　］

② 受け取ってください（書類など）
↓
［　　　　］

③ 頑張ってください
↓
［　　　　］

④ 決めてください
↓
［　　　　］

⑤ 連絡してください
↓
［　　　　］

⑥ 体を大切にしてください
↓
［　　　　］

⑦ 助けてください
↓
［　　　　］

⑧ ごひいきにしてください
↓
［　　　　］

080 の答え

「お体大切に」は「ご自愛ください」とすればスマート

①ご教示ください
「ご教示を賜りたく存じます」のようにも使える。

②ご査収ください
「ご査収のほどよろしくお願い申し上げます」のように用いる。

③ご健闘をお祈りいたします
「ご活躍をお祈りいたします」でもいい。

④ご決定いただけますか
「ご決定ください」でもいい。

⑤ご一報ください
「一報」とは、ちょっと知らせるという意味。「商品が到着次第、ご一報ください」などのように使う。

⑥ご自愛ください
「自愛」とは自分を大切にすること。「ご自愛のほどお祈り申し上げます」のように用いる。

⑦ご助力いただければ幸いです
お礼状では、「ご助力を賜りまして、誠にありがとうございます」のように表現する。

⑧ご愛顧ください
「愛顧」とは目をかけ引き立てること。「日ごろよりご愛顧いただきありがとうございます」というように用いる。

081

次の言葉をビジネス文書用の言葉に書き換えてください。

① 調べてください
↓
「　　　　」

② 受け取ってください（品物など）
↓
「　　　　」

③ 心配しています
↓
「　　　　」

④ お断りします
↓
「　　　　」

⑤ もらいました
↓
「　　　　」

⑥ 見ます
↓
「　　　　」

⑦ 貸してください
↓
「　　　　」

⑧ 許してください
↓
「　　　　」

081
の答え

「お断りします」は「ご遠慮申し上げます」に言い換える

①ご照査くださいますよう、お願い申し上げます

照らし合わせて調べること。「書類を照査する」のように使う。「お調べいただけますか」「お調べ願えますでしょうか」でもいい。

②ご笑納ください

「つまらないものですがお納めください」という意味の語。「別便にてお送りした品、ご笑納くださいませ」のように用いる。

③ご案じ申し上げております

「案ずる」とは心配したり、思いわずらうという意味の言葉。

④ご遠慮申し上げます

「遠慮」は人に対して言動を慎み控えること。「お断りします」の婉曲な表現。

⑤頂戴しました

「頂戴」とは「もらう」のへりくだった表現。「結構なお品を頂戴する」のように使う。

⑥拝見します

「拝見」は謹んで見るの意。「おはがきを拝見いたしました」などと使う。

⑦拝借できれば幸いです

「拝借」は「借りる」のへりくだった表現。「参考文献を拝借します」など。

⑧ご容赦ください

「容赦」とは、相手の失敗や過ちを許したり、相手の事情を考えて大目に見たり、手かげんすること。

082

お客様からいただいたご意見に返信する場合、どのように書けばいいでしょう。次の例文で、適切なものに○、不適切なものに×を付けてください。

①お客様のご意見をありがたく頂戴いたしました。本当にありがとうございます　［　　］

②お客様のご提案を拝読させていただきました。誠にありがとうございます　［　　］

③貴重なご意見、誠にありがとうございました。これからも何かとご助言を仰ぐことがあるかと存じますが、どうぞよろしくお願い申し上げます　［　　］

④このたびは、ご丁寧なお手紙をいただき、ありがとうございました。お客様のご意見を活かしながら一層精進いたしますので、今後とも変わらぬご愛顧をお願いいいたします　［　　］

082 の答え

やりすぎ敬語はマイナス要因に

①×

「頂戴する」という言葉には、「ありがたい気持ちでもらう」という意味が含まれており、さらに「ありがたく」を付ける必要はない。また、短い文章の中に「ありがたく」「ありがとうございます」と繰り返されてくどい印象になる。そして、礼状の場合は「本当にありがとう〜」ではなく、「誠にありがとう〜」のほうがスマートである。

②×

「拝読」は、読ませていただくという意味なので、「させていただく」をプラスする必要はない。ここはシンプルに「ご提案を拝読しました」でＯＫ。敬語を重ねすぎると、慇懃無礼な印象を与え、かえってイヤな気持ちにさせてしまう。

③○

少し長いが、十分に敬意の伝わる文章になっているので問題ない。とかく無味乾燥になりやすいビジネスレターでは「これからも何かとご助言を仰ぐ」といった言い方が顧客の好感につながることも多い。

④○

③と同様、丁寧なビジネスレターの書き方としては合格。お客様の立場を尊重しながら、謙虚な姿勢を示しており、企業アピールにも役立っている。

083

納入した商品の中に、不良品が混入していたと取引先からクレームがありました。交換品の発送など一連の業務が終わった後に、改めて詫び状を出すことになりました。さて、次の例文のうち詫び状にふさわしいものには○、そうでないものには×を付けてください。

① 今後はこのようなことが起きぬよう、万全のチェック体制を確立していく所存です　［　　］

② 多大なご迷惑をおかけしながら恐縮ではございますが、今後とも変わらぬご愛顧のほどよろしくお願い申し上げます　［　　］

③ 弊社では今後も、お客様のクレームに熱心に耳を傾けていく所存でございます　［　　］

④ 略儀ではございますが書面にてお詫び申し上げます　［　　］

083の答え

再発防止の対策や努力をすることを伝える

①○

詫び状に求められるのは、謝罪の言葉とともに、今回の失敗を踏まえて「もう二度とこのような失敗はしません」という誓いを立てること。そして、どういう具合にそれを実践するかを伝えること。この例文にはその要素がきちんと入っているので正解。

②○

詫び状でも、謝罪の言葉だけではなく、「これからも、おつきあいを願いたい」という気持ちを伝えたい。「今後ともよろしくお願いします」の前に「多大なご迷惑をおかけしながら……」という、反省を感じさせる言葉を添えるといい。

③×

クレームとは、苦情を述べたり損害賠償を求める行為を指す言葉。お客様に対して「クレーム」と書くのは論外。「このたびは貴重なご指摘をいただき、誠にありがとうございました」などとする。

④○

略儀とは「略式ですが」という意味で、「本当なら直接伺ってご挨拶するところですが」という気持ちを表す。ただし、すでに会ってお詫びが済んでいる場合でも、手紙の結語として使ってよい。お礼状でも、結びの言葉で「略儀ながら書中にて御礼申し上げます」はよく使うので覚えておこう。

084

取引先の担当者から高価な贈り物が届きました。今後はお断りしたいのですが、相手に不快な思いをさせずに厚意を断るには、どのような表現をすればいいでしょうか。次の例文の中で、適切なものに○、不適切なものに×を付けてください。

①そんなに気にしないでください　［　］

②ご無用になさってください　［　］

③もうやめていただけますか　［　］

④お気遣いなさいませんよう、お願い申し上げます　［　］

084の答え

やんわり断れば角が立たない

①×

親しい関係なら、直接会ってこのように言うこともできるだろうが、手紙にする場合は、もう少し改まった表現にしたほうがいい。

②○

「ご無用」とは「無用」の丁寧な言い方で、「いりません」をオブラートに包んだ表現。「心配ご無用」という言葉でおなじみだろう。頂き物を断るときの決まり文句としてよく使われる。「このたびは（いつも）結構なお品をありがとうございます。次回からはどうぞ、こうしたお心遣いはご無用になさってください（ご無用にお願いいたします）」とすれば合格。

③×

あまりに直接的すぎる。こんな断り方をされたら、相手は傷つくだろう。

④○

相手が年長者や、立場がかなり上の人の場合は、「ご無用に……」より、「お気遣いなさいませんよう」とするほうがいいだろう。「どうかお気遣いなく」「どうぞお気遣いなさらないよう」として「お願い申し上げます」と続けてもいい。

085

他社の担当者が来社されたとき、思いがけず、上司の方も一緒にご挨拶に来てくださいました。改めてお礼の手紙を出す場合、ふさわしい表現には〇、そうでないものには×を付けてください。

①わざわざおいでいただき、すみませんでした 【　】

②ひとかたならぬご配慮を賜り、ありがとうございました 【　】

③〇〇部長（上司）もご一緒にお越しいただきまして、痛み入ります 【　】

085
の答え

深い感謝と恐縮する気持ちを伝える

①×

自分には過ぎた対応をされたとき、つい恐縮して使ってしまうのが「すみませんでした」「申し訳ありませんでした」という表現。しかし、謝罪の言葉とも受け取られるため、相手に気を使わせる場合がある。「ありがとうございました」「御礼申し上げます」というように、感謝や喜びの気持ちを素直に伝えたほうが、印象がいいだろう。

②○

「ひとかたならぬ」「ひとかたならず」は、「普通ではない」「一通りではない」という意味を持つ言葉。感謝の気持ちの大きさを伝えるのに、「とても」「非常に」「大変」などでも強調できるが、「ひとかたならぬ」とすれば、日本語の美しさ、奥ゆかしさが感じられる。目上の人にメールや手紙で感謝を伝える際に、ぜひ使ってみたい。

③○

深い感謝とともに、恐縮している気持ちを伝えたいときに使えるのが「痛み入る」という表現だ。相手の過分な厚意に対し、ありがたさと申し訳なく思う気持ちを「痛み」という言葉にした、実に日本的な美しい言い回し。「ご丁寧なご挨拶、痛み入ります」「身に余るおほめの言葉、痛み入ります」というように使えば、折り目正しい印象を与えられる。

086

資料などの書類を送る際には「送り状」を添えるのが一般的です。この送り状に「ぜひ読んでください」という意味のひと言を入れる場合、どのように書けばいいでしょうか。適切なものに○、不適切なものに×を付けてください。

① 何卒ご拝読いただきますようお願い申し上げます 〔　〕

② ご一読いただきますようお願い申し上げます 〔　〕

③ ご覧いただければ幸いでございます 〔　〕

④ ご査収のほどよろしくお願い申し上げます 〔　〕

⑤ ぜひお目をお通しくださいませ 〔　〕

086 の答え

「拝読」は自分に使い、「ご一読」は相手に使う

①×

「ご拝読いただきますよう」と謙遜したつもりだろうが、これは完全な誤用。「拝読」とは「読むこと」をへりくだっていう謙譲語なので、これでは「ありがたく読みなさい」という意味になってしまう。人の書いたものを自分が「拝読いたしました」というのが本来の使い方だ。

②○

相手に何かを読んでもらいたいときは「ご一読くださいませ」「ご一読いただきますようお願いいたします」というのがもっともポピュラー。

③○

「○○いただければ幸いです」というのも人に何かを頼むときの常套句。「ご覧いただければ幸いでございます」は「送り状」に書くフレーズとしては定番だ。

④○

「ご査収のほどよろしく」も文句の出ないフレーズ。少し硬くはあるが、目上の方に対しても失礼のない表現なので、安心して使える。

⑤×

「お目をお通しくださいませ」では丁寧すぎてビジネス文書には不向き。「お目通しいただければ幸いです」と簡潔にまとめたほうがビジネスライクで知的に感じられる。

087

会社のオープンスペースで「無料Wi-Fiサービス」を提供することになりました。「無料Wi-Fiがご利用いただけます」というお知らせとして、正しい表示に○、間違った表示に×を付けてください。

① 弊社ロビーにて無料Wi-Fiがご利用いただけます　［　　］

② 弊社ロビーでは無料Wi-Fiがご利用できます　［　　］

③ 弊社ロビーでは無料でWi-Fiがご利用になれます　［　　］

④ 弊社ロビーでは無料Wi-Fiがご利用可能です　［　　］

087
の答え

最近目立つ「ご利用可能」はお客様に対しては使わない

①○

「いただく」は、「もらう」の謙譲語なので、使用者に視点を置いた場合はどのような場面でも使える。「○○がご利用いただけます」「○○をお選びいただけます」など、お客様に対応する場合にもよく使われる表現だ。

②×

「ご利用できます」「ご参加できます」など、「ご（お）～できる」は自分の動作を謙遜して言うときに使う言葉なので、尊敬語として使うのは誤用とされている。もし尊敬語にするなら、「ご（お）～になる」の可能表現である「ご（お）～になれる」を使うのが正しい。

③○

②の「ご利用できます」を正しい用法にしたのが「ご利用になれます」だ。否定形では「ご利用になれません」となるが、受け取る側には温かみのない表現に感じられるので、「ご利用いただけません」と言ったほうがいいだろう。

④×

最近の若い人に多いのが「ご利用可能です」や「貸出可能です」といった許可表現だが、目上の人や接客のときに使うには不適切だ。こういった場合には、敬意を込めて「ご利用いただけます」「お使いいただけます」と書くのが適切。

088

先輩が課長に昇格したので、早速お祝いのメッセージを送ることにしました。心のこもった祝辞を送りたいのですが、次の例文のうち、昇進祝いにふさわしいものに○、ふさわしくないものに×を付けてください。

① このたびは課長に大抜擢おめでとうございます。ご活躍を心からお祈りしています　［　］

② ご栄進おめでとうございます。ますますの飛躍に期待し、お祝い申し上げます　［　］

③ 今回は課長に異例の昇進と聞き、さすが先輩と同僚一同で喜んでいます。どうぞこれからも頑張ってください　［　］

④ このたびのご栄転、誠におめでとうございます。心よりお祝い申し上げます　［　］

088の答え

「大抜擢」「異例の昇進」など失礼な言い回しに注意

①×

「このたびは課長に大抜擢おめでとうございます」と、先輩の昇進をほめたつもりだろうが、これは大変失礼な言い方になる。「大抜擢」という言葉には、「身に余るほど大きな昇進」「過分な優遇」という意味があるため、「実力以上の評価を受けましたね」という嫌味に聞こえかねない。こうしたミスを防ぐためにも、日頃から語彙を磨く訓練は怠らないようにしよう。

②○

「ご栄進おめでとうございます」は昇格祝いにふさわしい表現。「飛躍に期待」という明るい言葉を添えれば、先輩の前途を応援するにはぴったりだ。

③×

「大抜擢」と同様に、「異例の昇進」や「破格の出世」もほめ言葉としてはふさわしくない。思いがけない昇進という言い方には、「ラッキーな出世」というニュアンスがあり、きちんと本人の力を評価したことにならないからだ。

④○

「ご栄転」というと転勤を指す言葉と思われがちだが、いままでより高い地位や役職に就くこと全般をいう。

089

いつもお世話になっている取引先の担当者の結婚に、営業部でお祝いの品を贈ることになりました。お祝いの言葉を添えたいのですが、適切なものに○、不適切なものに×を付けてください。

① 結婚を機に、ますますのご発展をお祈りしております　［　］

② ご結婚おめでとうございます。お二人の末永い健康とご多幸をお祈りいたします　［　］

③ 新しいスタートを切るのですね。どうぞ末永くお幸せに　［　］

④ ご結婚おめでとうございます。お二人の門出を心からお慶び申し上げます　［　］

⑤ この幸せを、いつまでも忘れずに、お二人で明るく、幸せなご家庭を築いてください　［　］

089
の答え

慶事の言葉では句読点にも気をつける

①×

普段の手紙やメールでよく使われる「ますますのご発展」や「ますますご清栄」だが、結婚などのお祝い事に重ね言葉はタブー。「たびたび」や「いよいよ」などの重ね言葉はつい見逃しがちなので、よく見直してチェックしよう。

②○

特に問題のないお祝いの言葉だ。美辞麗句を並べるより、スッキリと祝福するほうがスマートに見える。

③×

「別れる」「切れる」「壊れる」「裂ける」「終わる」「最後」「絶える」などの忌み言葉は厳禁。「スタートを切る」は「スタートラインに立つ」と言い換える。

④○

結婚する二人を祝う、心のこもったメッセージといえる。言葉遣いにも問題になるところはない。

⑤×

文章に句読点が多すぎる。「幸せを、いつまでも忘れずに、お二人で明るく、」と何度も区切るのはマナーに反する。「終止符を打つ」という意味合いから、祝辞には「、」や「。」などの句読点をつけてはいけないとされることもある。そこまで徹底しなくても、必要以上の句読点は避けたい。

090

ビジネス文書でも結びの挨拶は必要です。ただし、軽すぎる表現や友達相手のような言い回しは不適切です。では、次の例文の中からビジネス文書の結びに適切なものに◯、不適切だと思うものに×を付けてください。

① まだまだ寒い日が続きますが、風邪など召されませんよう、お気をつけください　「　」

② 極寒の季節柄、何卒お体をおいといください　「　」

③ 街に木枯らしの吹く季節ですが、鍋など囲んで、温かくお過ごしくださ い　「　」

④ 最近は、吐き下しのある、たちの悪いインフルエンザが流行っているといいますので、どうぞご無理をなさいませんよう、ご自愛くださいませ　「　」

090 の答え

末尾の挨拶は親しすぎる表現を避けて簡潔に

①〇

「風邪など召されませんよう、お気をつけください」はビジネスライクな関係の相手に対しては、やや出すぎた言い方に見えるが、さりげなく健康への気配りをしても失礼になることはない。この程度の挨拶なら許されるだろう。

②〇

親しすぎる表現を避けながら、相手への礼節や心配りを表すなら、この言い回しが適切だろう。季節の部分をアレンジすれば、年間を通じて応用できる。「お体をおいといください」というフレーズは覚えておくと便利。

③×

「街に木枯らしの吹く季節」はまるでポエムのようで、ビジネス文書の枠を超えている。友人への手紙ならいいが、取引先に対しては不向きといえる。まして「鍋など囲んで」は、余計なお世話と思われる。無駄な言葉を省いて、もっと簡潔にすること。

④×

文章が長すぎて世間話をしているようだ。病状の具体的な表現も不要。「風邪が流行っております。どうぞご自愛くださいませ」で十分。

091

メールでの連絡が増えたとはいえ、毎年、取引先に年賀状を送る会社はまだたくさんあります。Aさんは課長に来年の年賀状作りを頼まれたのですが、ビジネス用の年賀状は初めてで、まず「賀詞」選びに迷ってしまいました。お得意様あての年賀状にふさわしい賀詞に○、ふさわしくないものに×を付けてください。

① 迎春　明けましておめでとうございます　［　　］

② 賀正　［　　］

③ 謹賀新年　［　　］

④ 新春を寿ぎ謹んでご挨拶を申し上げます　［　　］

091 の答え

ビジネスでの年賀状は4文字の賀詞を選ぶのが基本

目上の方やお得意様には、「恭賀新年」「謹賀新春」など、先方への敬意を含んだ4文字の賀詞を選ぶのが正式な年賀状の書き方だ。「謹賀新年　旧年中は格別なお引き立てを賜り厚く御礼申し上げます　本年も変わらぬご愛顧のほどお願い申し上げます」というようなパターンがもっとも一般的な年賀状のスタイルといえる。

④〇

お客様に向けての賀詞として申し分ない。このほかには、「謹んで新春のお慶びを申し上げます」「謹んで年始のご挨拶を申し上げます」なども、ビジネスではよく使われる。

①×

「迎春」のように短い賀詞と「明けましておめでとうございます」を組み合わせてワンフレーズのように使う人もいるが、これは間違い。友人にならいいかもしれないが、取引先への年賀状にはNGと覚えておこう。

②×

「賀正」「賀春」「迎春」など2文字の賀詞をよく見かけるが、これらは新年を迎えたことを祝うという意味で、相手への敬意が含まれていない。目上の方や取引先には避けるようにしよう。

③〇

092

自社の社長が夏に亡くなり、取引先への連絡はすでに終わっています。では、会社としては、お客様に対して、年末年始の挨拶をどのようにすればいいでしょう。正しいと思うものには○、そうでないものには×を付けてください。

① 11月中旬から12月初旬の間に、年賀欠礼（喪中はがき）を出す　［　］

② 企業に「喪中」はないので、年賀状も普通に出す　［　］

③ 年賀状の代わりに「寒中見舞い」を出す　［　］

④ 年賀欠礼はがきに、「来年もよろしくお願いします」などといったひと言を書き添える　［　］

092 の答え

企業に「喪中」はない。年賀状も通常通りで大丈夫

①×

企業に「喪中」という概念はないので、会社として年賀状を出してよい。したがって、年賀欠礼を出す必要はない。同族会社で社員のほとんどが親族のような場合は、年賀欠礼を出して、新年の挨拶を控える場合もあるが、一般的ではない。

②○

年賀状は通常通りに出せる。ただし、華やかな賀詞を避けて、慶事の雰囲気を抑え気味に書く場合もある。

③×

年賀状を出してよいので、わざわざ寒中見舞いにする必要はない。

④×

基本的に、会社として年賀欠礼を出すことはない。

また、個人的な年賀欠礼でも、添え書きはしない。もし、添え書きをするとしても、「ご会葬をいただきありがとうございました」「葬儀の際は遠方からお越しいただきありがとうございました」のように、葬儀や仏事に関することしか書いてはいけない。

別途伝えたいことがあるのなら、年賀欠礼ではなく、別の手紙として出すのがマナーだ。

093

ビジネス文書の宛先は、郵便番号と番地だけでも配送されますが、仕事相手に対してそれでは失礼です。ビジネス文書の宛名としてどの程度の省略が許されるのか、次の例文で◯のもの、×のものを選んでください。

① 100−60×× 東京都千代田区◯◯町三丁目二番五号 敬語ビル10階 山田通販株式会社 営業部御中 ［ ］

② 100−60×× ◯◯町3−2−5 敬語ビル10階 山田通販(株) 営業部御中 ［ ］

③ 100−60×× 千代田区◯◯町三丁目二の五 敬語ビル10階 山田通販株式会社 営業部販売促進課 課長 田中太郎様 ［ ］

④ 100−60×× ◯◯町3・2・5 敬語ビル10階 山田通販K.K. 営業部 田中太郎殿 ［ ］

093
の答え

宛名書きは正式名称で礼儀正しく

①○
ビジネス文書を郵送する場合、宛名は正式名称を略さずに書くのが基本なので、都道府県名からきちんと書く。数字表記については、厳密にいうと縦書きであれば漢数字、横書きであれば算用数字（アラビア数字）を用いる。丁目や番地といった表記も略さずに書くのがよい。

②×
まず東京都千代田区という名称が略されている。郵便番号を明記すれば、都道府県や市町村は省いていいことになっているが、いきなり町名から始まる宛名では礼を欠いている。さらに「山田通販（株）」と企業名を略すのも控えたい。たとえ名刺などで（株）と書いてあっても、「株式会社」と正式名称で書くのが望ましい。

③○
都内の場合、東京都が除かれていても許容範囲といえる。個人に送る文書の場合、「会社名＋部署名＋役職名＋氏名＋様」が一般的。個人あてでは、社名には「御中」をつけない。

④×
これでも届くことは届くが、「〇〇町3・2・5」という書き方は、省略しすぎ。「山田通販K．K．」の略称も失礼。敬称は「殿」ではなく「様」を使う。

知識力アップ講座！

●目上の人に「前略」は使えないと考える

手紙の書き出しばかりでなく、社内の事務的な連絡や社員への伝言を書くときにもよく使うのが「前略」という言葉です。

普通の手紙では、はじめに「拝啓」や「謹啓」などの頭語があり、次に「水ぬるむ季節になり……」などという時候の挨拶が入るのが一般的ですが、「前略」というのは、この挨拶を省略することを意味しているのです。

「冬が駆け足で近づいてくる季節となりました」という時候の挨拶や、「お元気にお過ごしのことと存じます」といった気遣いの言葉を省略し、「すぐに用件に入ります」と宣言する言葉が「前略」だといっていいでしょう。

これは、**いきなり本題に入るということですから、本来、相手に対しては失礼になりま**

す。そのため、「前略」を目上の人に用いてはいけないというのが、手紙を書くときの常識になっているわけです。

ただし、**目上の人への手紙でも、災害見舞いや事故見舞いなど緊急の場合に限って「前略」を用いることがあります。**これはあくまでも例外的なケースです。

もし頭語に「前略」を選んだら、結語もそれに合わせなければいけません。「前略」と、「謹んで申し上げます」という意味の「敬具」を組み合わせたのでは、ちぐはぐな組み合わせになってしまいます。ですから、結語は「簡略な手紙で申し訳ありません」という意味の「草々」や「不一《ふいつ》」を選ぶと、まとまりがいいでしょう。

また、**本文で書き忘れたことを付け足すための「追伸」も、目上の人には使いません。**もし、書き損じたなら最初から手紙を書き直すのが本来ですから、「追伸」をつけた手紙は手抜きと解釈されても仕方ないのです。

「追伸」と書いていいのは、親しい間柄の人だけと覚えておきましょう。

●寒中見舞いは便利な便り

最近は年賀状を書く人が減っているそうですが、年賀状で新年の喜びを伝えようという人もまだまだたくさんいます。

ただ、「書こう、書こう」と思いながら、つい出しそびれて、「気がついたらもう三が日も過ぎていた」ということもあります。

そこで考えるのが、「いつまでなら年賀状を出してもいいのだろうか」という点です。

実は、年賀状を出してもいいとされる時期は決まっていて、それは**元日から1月7日までの1週間。**いわゆる「松の内」といわれる期間です。それ以降になると、どこでも本格的に仕事が始まり、もうお正月ムードも終わりを告げるようになります。

ですから、松の内を過ぎてしまった場合は、**「寒中見舞い」**として、いただいた賀状の返礼にします。

「寒中見舞い」とは、寒さが厳しい季節に相手の健康を祈り、自身の近況をお知らせする挨拶状のこと。「寒中見舞い」を出す期間は、1月5日頃の寒の入りから節分までで、比較的時間に余裕があるので、マイペースで便りを書くことができます。

ただし、寒中見舞いは年賀はがきの余りではなく、普通のはがきを使うのが決まりです。たまに、年賀はがきの余りに「寒中見舞い」と書いて出す人を見かけますが、これはマナー違反です。

寒中見舞いの構成は、だいたい「時候の挨拶」「相手の安否を尋ねる言葉」「自身の近況報告」「相手の健康を気遣う言葉」「日付」のようになっていて、頭語や結語はいりません。
お正月に年賀状を出せなかった人への挨拶や、喪中で年賀状を出せなかった人への挨拶など、寒中見舞いは意外に役立つ便りの形なのです。

●意外に忘れがちな返信用はがきのルール

「創立記念パーティ」や「新社屋落成記念式典」など、会社にはさまざまな招待状が届きます。そこで、出欠を知らせる返信用のはがきを書くわけですが、これにもルールがあるので、しっかり覚えておきましょう。

返信用はがきの裏書き部分には「ご出席」と「ご欠席」という記載がありますから、出席の場合は「出席」をマルで囲み、「ご欠席」の3文字と「ご出席」の「ご」を二重線で消します。欠席の場合は「欠席」をマルで囲み、「ご出席」の3文字と「ご欠席」の「ご」を二重線で消します。

そして「出席」という文字の下には「させていただきます」と書き足すことを忘れずに。さらに「**ご招待ありがとうございます**」のひと言を添えるといいでしょう。

欠席の場合は「**当日は所用で伺えませんが、ご盛会を祈っております**」と付け加えれば申し分ありません。

出欠に並んで書かれている「ご住所」と「ご芳名」については、住所のほうは「ご」を消し、「ご芳名」のほうは「ご」だけでなく、尊敬表現の「芳」の字も消します。

表書きでは、宛名が「〇〇行」と記されていたら、必ず「行」の字を二重線で消し、「様」を書き加えること。これを忘れると敬意を表したことになりません。見落とさないようにして、きちんと手を加えましょう。

第6章

これで万全！電話の敬語

答え ❸ （❶役職名に「様」は不要、❷「申し伝える」は自分の行為に使う表現）

こんなときどうする？［第6章ダイジェスト］

094

電話に出るときの最初の言葉は「もしもし」が一般的です。でも、ビジネスシーンではどうでしょうか。次の中からいいと思うものに○、よくないと思うものに×を付けてください。

① もしもし、山川商事でございます　［　］

② はい、山川商事でございます　［　］

③ お待たせいたしました。山川商事でございます　［　］

④ おはようございます。山川商事でございます　［　］

094の答え

職場の電話に「もしもし」は不要

①×

電話を受けると反射的に「もしもし」が出てしまう人もいるだろうが、ビジネスシーンでは、一般的には「もしもし」は使わない。癖になっている人は、意識して使わないようにしたい。

②○

「はい、○○商事でございます」という言い方は、職場で電話に出るときの基本である。社内の電話では「はい、○○部です」になる。余計なことを言う必要はないので、明瞭な発音で声に出そう。

③○

電話は3コール以内に出るのが基本だが、それ以上鳴ってから受話器を取った場合には、社名を名乗る前に「お待たせいたしました」と、お詫びのひと言を付けるようにしよう。

④○

朝の挨拶はさわやかな印象を与えるので、積極的に使いたい。何時までが「おはようございます」なのか明確な決まりはないが、10時くらいまでなら使っても違和感はないだろう。

095

Aさんは取引先のB課長に電話をしています。左の例文で、敬語の使い方が正しいものには○、間違っているものには×を付けてください。

①もしもし、いまBさんいますか？　［　］

②△社のAと申します。B様はおいでになりますか？　［　］

③△社のAでございます。B課長はおられますか？　［　］

④△社のAです。いつもお世話になります。Bさんをお願いします　［　］

⑤Aですが、Bさんをお願いします　［　］

095 の答え

「おられますか」には違和感を持つ人もいる

①×

電話をかけたときは、まず名乗らなくてはいけない。たとえ相手が声だけでこちらは誰なのかわかっていたとしても、名乗るのは礼儀。また、「いますか？」という言い方はぞんざいで幼い印象を与えるので、「いらっしゃいますか？」「いらっしゃいますでしょうか？」にする。

②○

③○

「おられる」は「いる」のあらたまった形「おる（居る）」に尊敬を表す「〜れる」が付いた表現で正しい使い方。ただし、「おる」を謙譲語としてとらえて、違和感を持つ人もいるので、「いらっしゃいますか」と言うほうが間違いはない。なお、尊敬語を付けない「B課長はおりますか」は誤り。

④×

「お願いします」は一方的な印象を受けるため、「おいでになりますか」「いらっしゃいますか」に置き換える。また、相手の名前は、さん付けではなく、「○○様」と言う。

⑤×

電話でいきなり「Aですが」では、なれなれしい。電話は誰が取るかわからないので、必ず「△社のAでございます（と申します）」という形にする。

096

「もしもし、部長いる？」と自分の名前を名乗らない電話がかかってきた場合、どう言って相手の名前を確かめるのがいいでしょうか？　好ましいものには○、好ましくないものには×を付けてください。

①あの～、どちら様で？　［　　］

②お名前は？　［　　］

③お名前をお伺いしてもよろしゅうございますか？　［　　］

④ごめんなさい、お名前をお教えいただけますか？　［　　］

⑤失礼ですが、どちら様でしょうか？　［　　］

096 の答え

「お伺いしても〜」は実は間違い

①×

「どちら様」は「誰」の尊敬語ではあるが、「あの〜、どちら様で？」の使い方は好ましくない。語尾を延ばすのは幼い印象になるし、「どちら様で？」は「どちら様ですか？」が省略されたものである。対外的に話をするときは、省略の言葉を使わないのが礼儀だ。

②×

「お名前」という言葉を使う場合は、「恐れ入りますが、お名前を聞かせていただけますでしょうか？」のようにして使うのがいい。

③×

「お伺い」は一般的によく用いられているが、厳密にいえば誤った敬語の使い方である。「伺う」は「聞く」の謙譲語なので、「お」を付けると二重敬語になってしまう。「伺えますでしょうか？」などでよい。

④×

「ごめんなさい」はビジネスでは使わないように。この場合は、「恐れ入りますが」、あるいは「申し訳ありませんが」に置き換える。

⑤〇

「失礼ですが、どちら様でしょうか？」は模範的な正しい敬語。

097

Aさんはお客様から、電話をAさんの上司であるC部長につないでほしいと言われました。しかし、部長は席を外し、近くに見当たりません。こんなとき、どう受け答えしたらいいのでしょう。正しいものには○、間違っているものには×を付けてください。

① 部長はいないですね　［　　］

② Cはあいにく席を外しておりまして……、いかがいたしましょうか?　［　　］

③ Cは席を外しておりますので、私が代わりに伺います　［　　］

④ 申し訳ありません。Cがどこに行ったのかわからないのですが　［　　］

⑤ あいにくCは席を外しておりますので、必ず5分以内にこちらから連絡させていただきます　［　　］

097 の答え

不在のときは「席を外しておりまして」でOK

①×

電話は相手の顔が見えない分、言葉遣いにはより気を使わなければいけない。また、社内の人間を「部長」といった敬称で呼ぶのはNG。「Cはただいま席を外しておりまして」という表現にする。

②〇

「あいにく」とは、期待や目的にそえない状態に対して、都合が悪く残念という意味。この言葉を入れることで、「電話を頂戴したのにCを電話口に出すことができずに申し訳ない」という気持ちを表す。「いかがいたしましょうか？」と判断を委ねると、先方を高めた表現になる。

③×

「私が代わりに伺います」という言い方は一方的。伝言を頼むか、電話をかけ直すのかは先方の判断にまかせるのが好ましい。「差し支えなければ私が代わって承りますが」といった表現にする。

④×

C部長がどこに行ったのかわからなくても、そのままお客様に伝えるのはNG。「席を外しておりまして」などの表現に。

⑤×

「必ず5分以内に」などという勝手な約束をしてはいけない。また、電話をかけ直すかどうかはC部長が決めることである。

098

お客様から電話を頂戴した際、本人が外出中だったり休暇をとっていたりする場合があります。そんな場合、お客様にどのように話せばいいでしょうか？　正しいものに○、間違っているものに×を付けてください。

① Aは本日、お休みを頂戴しております　［　］

② Aはまもなく戻ると存じますので、折り返しご連絡いたします　［　］

③ Aは出張中で、来週の火曜日まで出社いたしません　［　］

④ Aはちょっと外出しておりまして、1時間後には戻る予定です　［　］

⑤ Aは本日、直帰の予定になっております　［　］

098 の答え

お客様に対して「お休みを頂戴」は誤り

①×

　このフレーズはよく聞かれるものだが、厳密にいうと謙譲語の使い方が間違っている。休みは自分の会社からもらうもので、お客様の許可を得て休んでいるわけではない。「お客様あっての会社」といった考え方から「お休みを頂戴して」のフレーズが使われるようになっているようだが、「休みをとっております」でＯＫ。

②○

「Aはまもなく戻ると存じますので、折り返しご連絡いたします」は正しい。

③×

「火曜日まで」という言い方は火曜日に出てくるのか水曜日に出てくるのか判断がつきにくい。「火曜（水曜）日に出てまいります」のほうがわかりやすくて親切である。

④×

「ちょっと」という言葉は、ビジネスで用いるべきではない。「Aは外出しておりまして」のほうがすっきりしている。

⑤×

「直帰」という言葉は、電話のように耳で聞く場合は理解しにくい。電話の対応で大切なのは、わかりやすい言葉で相手に伝えること。また、「直帰」という言葉は対外的に使うものではない。「本日はこちらに戻らない予定です」に言い換える。

099

木村課長の不在中にお客様から電話があり、「○○企画の田中から電話があったと伝えてください」と言われました。どのように答えればいいのでしょう。正しいものには○、間違っているものには×を付けてください。

① 木村課長がお戻りになったら、お電話を頂戴したことを伝えます　［　］

② 課長が戻り次第、お電話を頂いたことを伝えておきます　［　］

③ 木村が戻りましたら、お電話を頂戴したことを申し伝えます　［　］

④ 田中様のご伝言は課長が戻り次第、お伝えしておきます　［　］

099の答え

「申し伝えます」と決まり文句でスマートに結ぶ

①×

「課長がお戻りになったら」では、身内の人間に敬語を使っていることになる。敬意を示すべき相手はお客様であって、身内に使うのは間違い。

②×

自分にとっては上司でも、身内の人間を「課長」と呼んではいけない。身内については、へりくだった表現をする。「課長」「部長」などの役職名には敬意が含まれているので、対外的に使うのはNG。

③○

このように、上司に対しても役職はつけず、敬称なしの名前で呼ぶのが正解。社長や専務であっても、基本的には呼び捨てと覚えておこう。しかし、実際には社長を「山本が」などと呼ぶには抵抗があり、「社長の山本が」と言う人も多い。また、伝言、つまり「言い伝える」の謙譲表現は「申し伝える」となる。ビジネスでは、伝言はよくあるシチュエーションなので、「申し伝える」というフレーズを覚えておきたい。

④×

「田中様のご伝言は」とお客様に敬意を表すのはいいが、身内の者に「お伝えしておきます」と言ったのでは台なしになる。ここはしっかり「申し伝えます」と、決まり文句でスマートに結びたい。

100

不在の担当者あてにお客様から連絡がありました。「社用の携帯電話に連絡をしたが、つながらない。急いでいるので、個人の携帯の番号を教えてほしい」とのこと。この場合、どんな受け答えがいいでしょう。正しいものに○、間違っているものには×を付けてください。

① 外部の方にはお教えできません　［　］

② 申し上げます。○○の番号は……　［　］

③ かしこまりました。本人から直接連絡をさせますので、お客様のご連絡先をお聞かせ願えますか　［　］

④ 大変申し訳ありませんが、弊社の規定で、本人の許可なくお伝えできない決まりになっています　［　］

100の答え

「お教えできません」という代わりに、代案を示すのもいい

①×
　個人情報保護法もあり、個人情報を教えられないのはわかるが、「お教えできません」は拒絶感が強すぎる。ましてお客様は非常に急いでいる状態で、このような相手の置かれた状況を配慮しない対応は問題がある。

「大変申し訳ございませんが、社の規定でお伝えできないことになっております」のように話すのが礼儀。

②×
　簡単に個人情報を伝えるようでは、かえって企業としての信用性が問われる。基本的に社員の個人情報は公開しないというスタンスの対応が求められる。

③○

④○
　規定で、個人の携帯電話番号や住所などを公開しないのは当然のことである。そのため、「お伝えできない決まりになって……」は失礼にあたらない。また、「大変申し訳ありませんが」と、謝罪の言葉を入れているので柔らかな印象を与えることができる。

　教えられないと言った後に、代案として、③のように、本人から連絡させることを続けて話せば、完璧な対応になる。

101

Aさんはお客様であるC部長に電話をしましたが、留守でした。伝言してほしいことがあったので、電話を受けた相手に頼むことにしました。さて、次の例文で敬語の使い方が正しいものには○、間違っているものには×を付けてください。

①悪いんですけれど、伝言を頼みます　［　］

②△△と、部長様に伝えていただけますか？　［　］

③お手数ですが、伝言をお願いできますでしょうか？　［　］

④△△とAが言っていたとC部長に伝えてください　［　］

⑤恐れ入りますが、C様に申し伝えていただけますか？　［　］

101 の答え

何かを依頼するときは「お手数ですが」と前置きする

①×

「悪いんですけれど」は普段の言葉。ビジネスでは「恐れ入りますが」や「お手をわずらわせて申し訳ありませんが」の表現に置き換える。また、「伝言を頼みます」は一方的な表現で適切ではない。もし相手が「折り返しご連絡します」と言った場合は、「恐れ入りますがお願いします」や「お願いしてよろしいでしょうか」などと答える。

②×

役職名のあとに「様」「さん」を付けた表現をよく耳にするが、役職名は敬称とほぼ同じ意味を持ち、「様」を付ける必要がない。

③○

「お手数」とは、相手の手間や労力に敬意を表す語。依頼する場合は「お手数ですが」を付けると、より丁重な表現になる。

④×

Aさんにとって C部長は敬意の対象になるわけだから、「Aが言っていた」のところは「Aが申していた」と謙譲の形に変える。「伝えてくださ い」は「お伝えくださ い」「お伝え願います」とする必要がある。

⑤×

「申し伝える」は謙譲表現で、「○○が戻りましたら申し伝えておきます」のように自分の行為に対してのもの。「伝えていただけますか」といった表現にしよう。

102

取引先の社長からの電話を受けたAさん。社長から商品の製造番号を尋ねられました。それに対する受け答えとして、好ましいものには○、好ましくないものには×を付けてください。

① それでは申し上げます。製造番号は……　［　］

② それではお教えします。製造番号は……　［　］

③ それではご案内いたします。製造番号は……　［　］

④ 製造番号は長いので、メモをおとりください　［　］

⑤ メモの準備はできましたか？　［　］

102の答え

「それでは申し上げます」とワンクッション置く

①○
何かを尋ねられたとき、いきなり「○○は△△です」と話し始めずに、「これから話しますよ」という意味をこめて「それでは申し上げます」のようにワンクッション置くのが好ましい。

②×
「お教えします」は「教える」の尊敬語のひとつなので、文法的には誤りではない。しかし、取引先の社長など立場が上の人に使うのは考えもの。「教える」は、「相手にわからせる」「身につけさせる」といった意味を含む言葉なので、尊大な印象を与えかねない。この場合は「ご案内します」に置き換えたほうが無難。

③○

④×
目上の人に向かって「〜をしてください」といった言い方はできるだけ避けたい。メモをとることを勧める場合は「メモのご用意はよろしゅうございますか」「番号が長いので、メモをとられたほうがよろしいかと存じます」と婉曲な言い回しにしよう。

⑤×
「〜できましたか？」という言い方は、相手を見下ろした雰囲気があるため、目上や立場が上の人には使うべきではない。

103

お客様からの電話を受けたのですが、相手の声がハッキリと聞き取れません。こんなときはどのように対応したらいいでしょう？　好ましいものに○、好ましくないものに×を付けてください。

①恐れ入りますが、もっと大きな声でお願いします　［　］

②申し訳ありませんが、お客様の声が小さいのですが……　［　］

③もしも～し！　声が小さくて、聞こえないんですけど……　［　］

④申し訳ありません。お電話が少々遠いようなのですが……　［　］

⑤すみません。電波の状態がおかしいのですが……　［　］

103 の答え

「お電話が少々遠いよう」と言えば角は立たない

①×
「もっと大きな声で」というのは、「あなたの声は小さい」と言っているのと同じ。相手の声が小さかったり不明瞭だったとしても、ストレートに言っては角が立つ。

また、相手の声が聞こえにくいときは、自然とこちらの声も大きくなり、語調も強まってしまうので注意が必要だ。

②×
「お客様の声が小さい」というフレーズは相手を非難していることになってしまう。「申し訳ありませんが」を付けたとしても、好ましい言い方ではない。

③×
これは社会人としては失格な言葉遣い。仮に途中で電話を切られてしまったとしても仕方がないだろう。

④○
先方の声が小さかったり不明瞭だったとしても、ストレートに指摘することは失礼にあたる。「お電話が少々遠いよう」といった婉曲な表現にするのがいい。

⑤×
「おかしい」という言い方はビジネスでは不適切。「電話の調子（電波の状態）が悪いようでございます」のように言い換えたほうがいい。

104

お客様から「3年前に買った商品の仕様説明書が欲しい」と言われました。探すのには少し時間がかかりそうです。さて、どんな対応が適切でしょう。正しいものに○、間違っているものに×を付けてください。

① 少々お待ちくださいませ　［　］

② お忙しいところ恐縮ですが、少しお時間を頂戴します　［　］

③ お調べするのに3分ほどかかりますが、お待ちいただけますでしょうか？　［　］

④ 申し訳ございませんが、少しお時間がかかりそうなので、後ほどこちらからご連絡を差し上げてもよろしいでしょうか　［　］

104の答え

電話ではお待たせしないことが一番のサービス

①×

時間がかかりそうなら、「しばらく時間がかかりますが、よろしいでしょうか」と聞くか、「折り返しおかけ直しいたします」と、いったん電話を切ったほうがよい。

②×

「少しお時間を頂戴します」という言い方は、一方的に聞こえるので使わないほうがよい。待ってもらうなら、「少し時間をいただいてもよろしいでしょうか」とお客様の判断を仰いでからにする。

③○

お客様にとって待つ時間は非常に長く感じるはずだが、最初から3分という時間を示しておけば、それを目安に待ちやすい。ただし、時間がオーバーするのは厳禁。もし長引くようなら、すぐにそのことを伝えて、もう少し待っていただくか、後ほどこちらから連絡するようにしよう。

④○

かなり時間がかかるとわかったら、「後ほどこちらからご連絡いたします」と伝えるのがベスト。「改めてお電話を差し上げたいと存じますが、何時頃がご都合よろしいでしょうか」と相手の都合も確認すること。電話ではお待たせしないことが一番のサービスになる。

105

電話の応対でもっとも難しいとされるのがクレームの電話です。不用意な言葉でお客様の気持ちを逆なでしてしまわないよう、例文を失礼のない表現に直してください。

① 本当かどうか確認してまいります
↓
「　　　　」

② 担当者は不在ですので、一応私が承ります
↓
「　　　　」

③ そんなはずはないと思いますが……
↓
「　　　　」

④ 詳しい状況を教えてください
↓
「　　　　」

⑤ 担当者によく言っておきます
↓
「　　　　」

105 の答え

誠意を感じさせる「至急」「すぐに」を付ける

①至急確認してまいります

「本当かどうか」という言葉を裏返せば「あなたの話は嘘かもしれない」という意味になってしまう。これではお客様の怒りが増すだろう。不満を感じているお客様に対して誠意を表すためには「至急」や「すぐに」などを付ける。

②差し支えなければ、私○○が代わって承ります

「一応」とは「十分とは言えないが、とりあえず」という意味の言葉。クレームに対しては十二分に誠意を示さなければならないので、「一応」は禁句。また「私が承ります」だけでは誰だかわからないので、必ず自分の名を名乗ることが大切である。

③さようでございますか……

クレームの電話では、お客様の言い分をすべて聞くことが大切。反論は事実関係をすべて確かめてからすべきで、電話中に「そんなはずはない」などと言えば収まるものも収まらなくなってしまう。

④詳しい状況をお聞かせ願えますでしょうか

クレームの電話では命令形の言い回しは極力避けなければならない。

⑤今後は十分に注意いたします

電話を受けた人間がその件に直接関係がないとしても、一人ひとりが会社の代表者という気持ちでお客様に対応したい。

106

電話は相手の表情が見えないだけに、意思の疎通がはかりにくいものです。さて、次のようなとき、どんな言葉を選んだらいいでしょう？

①断っても断っても、しつこくかかってくる営業電話に対して
↓
［　　　　］

②なかなか話が通じない相手に対して
↓
［　　　　］

③ダラダラと要領を得ない話をする相手に対して
↓
［　　　　］

④悪いタイミングでお客様から電話が入ったとき
↓
［　　　　］

106 の答え

便利なフレーズ「ただいま取り込んでおりまして」

①今後のお電話はご遠慮申し上げます

迷惑な営業電話をしてくる相手であっても、何かのきっかけでお客様に転じることもある。「もうかけないでください」といったストレートな表現は避けたい。きっぱりと丁重に断るには「ご遠慮申し上げます」「申し訳ありませんが、ご希望には添いかねます」などと言うのが好ましい。

②恐れ入りますが、お話のわかる方に替わっていただけますか

電話の相手が新人などの場合、わからないなりにも一生懸命に対応して空回りすることがある。相手のためにも、話のわかる相手に替わってもらうように促したい。

③お話をまとめさせていただきますと……

まわりくどい言い回しで話のポイントがちっとも見えない相手がいるものだ。自分なりに解釈してそのままにしておくと、とんだ失敗を招いてしまうので、再確認の意味をこめて言いたいフレーズ。

④申し訳ありませんが、ただいま取り込んでおりまして……（こちらから改めてご連絡いたします）

都合が悪い理由はいろいろだろうが、内情を詳しく伝える必要はない。相手が急ぎの用件でない場合は「ただいま取り込んでおりまして」と伝えるのがいい。ただし、あとで電話をかけ直すことを忘れずに。

107

一度お会いして名刺交換をしたことのあるお客様の携帯電話に電話をかけたいと思います。第一声として正しいものには○、間違っているものには×を付けてください。

①お世話様です。いま、お電話しても大丈夫でしょうか　［　　］

②○○社の○○でございます。□□様の携帯電話でしょうか　［　　］

③お世話になります。先日お話しした××の件でご連絡しました　［　　］

④先日、△△でお会いした○○社の○○でございます　［　　］

107の答え

携帯電話でもかけたほうから名乗るのがマナー

①×
一度会って名刺交換をしたからといって、相手が自分の番号を登録しているとは限らない。もし登録をしていなかった場合、相手の携帯の画面には番号しか表示されない。だから、電話をかけたときには、必ず社名と名前を伝えるのがマナー。

また、お客様に対して「お世話様」はNG。「お世話になります」を使う。

②○
まずは名乗ってから、相手の携帯に間違いないかの確認をしているので正しい。

ただし、「□□様の携帯電話でしょうか」と先に質問して、「はい、そうです」と相手の返事を待ってから名乗るのは間違い。相手が番号を登録していない場合、誰だかわからない人間からの質問に答えなくてはならないからだ。自分から名乗ることが鉄則。

③×
何度もやりとりのある相手であればOKだが、一度しか会ったことのない相手には適切ではない。

④○
取引先が多い人の場合、社名と名前を言われただけではピンとこないこともある。そのため、どこで会ったかを伝えるのが親切だ。

108

営業の案内や挨拶で初めての会社に電話をかけるとき、最初のひと言はどのように切り出せばいいのでしょうか。次の中から適切だと思うものに○、不適切だと思うものに×を付けてください。

① わたくし山川物産の田村という者なんですけれど…… 「　」

② 初めてお電話を差し上げます。わたくし、山川物産の田村と申します 「　」

③ 初めてお電話させていただきます。北山産業の大木と申します。こんにちは 「　」

④ 突然のお電話で失礼いたします。少しお時間をいただけますでしょうか 「　」

108 の答え

初めての電話は名刺代わりの挨拶だけで十分

①×

いきなり名前を言われても、相手も対応に困ってしまう。「初めてお電話を差し上げます」のように切り出すのがいい。

②○

この言い方は、その会社に初めて電話をする場合の常套句。名刺代わりの挨拶といったところだ。ここをきちんと押さえておけば、本題にもスムーズに入れる。

③×

「初めてお電話させていただきます」と、名前を名乗るところはいいが、「こんにちは」がいけない。ビジネスシーンでは「こんにちは」はお客様に対しては使わない。

「お世話になります」などに置き換える。

④×

初めての電話で「少しお時間をいただけますでしょうか」と言われたら、相手は警戒心を抱いてしまう。とはいえ、相手の都合も考えずに用件を話し始めるのも失礼なので、初めての電話は極力手短かに伝えるのがマナー。「本日は○○の件でご連絡差し上げました」「本日は○○のご案内のお電話です」のように目的を先に伝え、そのうえで、相手が話を聞いてくれるようなら、「ありがとうございます。実は、新しいパンフレットをお送りしたいと存じまして」のようにお礼を述べてから話を続ける。

109

会社には、間違い電話がかかってくることもあります。そんな場合の対応で適切なものに○、不適切なものに×を付けてください。

①こちらは△△商事です。間違いですのでおかけ直しください　「　」

②いえ、違います。失礼します　「　」

③番号をお間違いでございます。確認のうえ、おかけ直しくださいませ　「　」

④いえ、こちらは○○ー○○○ー○○○○（電話番号）の△△商事でございます。番号をご確認いただけますでしょうか　「　」

⑤こちらは△△商事でございます。恐れ入りますが、何番におかけでしょうか？　「　」

109 の答え

どんな相手も「明日のお客様」のつもりで応対

①×

こちらの社名を名乗っているので、相手は間違い電話だとわかっただろうが、「おかけ直しください」とまで言う必要はない。「お間違いのようですが……」のように語尾を濁したほうがソフトな印象になる。

②×

「いえ、違います」で終わるのは論外。何のフォローもしていないのだから、これで会社の評判を下げることにもなってしまう。

③×

丁寧に話しているつもりでも、「確認のうえ、おかけ直しください」では上から目線の印象はぬぐえない。「いま一度、番号をご確認いただけますか?」と言い換えよう。

④○

こちらの電話番号を伝えているので、相手はかけ間違えたとすぐにわかるはず。親切な対応といえる。

⑤○

相手が記録している番号が間違っていれば、また電話がかかってくるかもしれない。そのため、番号を確認することは大切だ。相手が間違いに気づいて謝罪してきたときには、「どうぞお気になさらないでください。では失礼いたします」と挨拶すれば社のイメージアップにもなるだろう。

110

忙しいときにセールス電話が入ると、困ってしまいますね。どうやって断るのがいいでしょうか。次の中から、適切な対応だと思うものに○、不適切と思うものに×を付けてください。

① うちはセールスお断りなので、切ります　［　］

② 迷惑なので、もうかけないでください　［　］

③ 恐れ入りますが、今後のお電話はご遠慮申し上げます　［　］

④ せっかくお電話いただいて申し訳ないのですが、ご希望には添いかねます　［　］

⑤ 申し訳ありませんが、ただいま取り込んでおりますので、失礼いたします　［　］

110 の答え

イラっときてもお断りは冷静に

①×

ムッとする気持ちはわかるが、「切ります」ではストレートすぎる。何より会社の品位が疑われるので、冷静に対応すること。

②×

「迷惑です」と言いたい気持ちでも、口に出すのは子供じみている。やんわり拒否する術も身につけよう。

③○

セールスや営業の電話を断るには「今後のお電話はご遠慮申し上げます」というのがいい。冷静な言い方で、はっきり拒否の意思を伝えている。こういう大人の断り方を覚えておけば、後々まで役に立つ。

④○

「ご希望には添いかねます」というフレーズは、きちんとはねつけているのに、品よく聞こえる。何かを断る際に「ご希望には添いかねます」をマスターしておけば重宝する。

⑤○

いちいち正面からぶつかるのは面倒だと思ったら、こういう逃げ方もある。セールスを相手に余計なエネルギーを使いたくないという人にはいいだろう。ただしこの場合、同じ相手からまた電話がかかってくる可能性もゼロではない。

111

営業部のAさんは、外出先から自社に電話を入れました。お客様に電話をするときは言葉遣いに気をつけても、相手が社内の人間だと思うと少し気持ちがゆるむのか、ついつい次のような言葉が出てきがちです。それぞれの例文を、丁重な表現に直してください。

① あ、どうも。Aですけど……
↓
「　　　　」

② 僕あてに電話とかあった?
↓
「　　　　」

③ 今日は直帰しますね
↓
「　　　　」

④ B社の商談がトラブったので、帰るのがちょっと遅くなります
↓
「　　　　」

111 の答え

社内への電話では「お疲れ様です」が定型句

①Aです。お疲れ様です

ビジネスシーンでは、「お疲れ様です」は、電話やメールの冒頭の定型句。「こんにちは」の挨拶のようにも使われる。ただし、取引先など社外の人には使わないほうがいい。

②私あてに連絡などが入っておりますでしょうか

ビジネスで「僕」や「俺」「あたし」は不適切。必ず「私」を使う。また、「あった?」などという横柄な言葉遣いはNG。「電話とか」は「連絡など」に言い換えよう。

③本日はこのまま帰らせていただいてもよろしいでしょうか

営業職などでは外出先から直帰することは珍しいことではないが、自分の希望をそのまま口に出すのはよくない。「〜してよろしいでしょうか」のように、許可や承諾を求める形にする。また、電話では「直帰」は聞き取りにくいので、「帰らせていただく」の表現に置き換えよう。

④B社での商談で問題が生じたため、社に戻るのは○時頃になります

「トラブった」「パニクった」などの造語はビジネスシーンでは厳禁。トラブルが起きた場合なら「問題が生じた」などに言い換える。また、「ちょっと遅くなります」では解釈に個人差があるので、目安となる時間を報告するといい。

112

遅刻、欠席、忘れ物などの緊急連絡の場合、あわてていて言葉遣いが滅茶苦茶ということはないでしょうか？　そんなときこそ、落ち着いてきちんとした言葉で用件を伝えなくてはなりません。次の例文を正しい形に直してください。

①起きたら8時だったんです！　すみません、遅刻します！

↓

［　　　　　　　　　　］

②いま、人身事故で東京駅で足止め食ってます

↓

［　　　　　　　　　　］

③朝から気持ち悪いので、今日はお休みします

↓

［　　　　　　　　　　］

④封筒を忘れました！　すぐに届けてください

↓

［　　　　　　　　　　］

112 の答え

休みを申し出るときは伺いを立てるのが礼儀

①申し訳ありません。家を出るのが遅くなりました。○時過ぎには出社いたしますので、よろしくお願いします

「家を出るのが遅くなりました」と言えば「寝坊した」ことはおおよそ見当がつく。あれこれ言い訳するより、とにかく早く出社することが大切。遅刻で周囲に迷惑をかけるので、「よろしくお願いします」のひと言を添える心配りも必要だ。

②申し訳ありません。電車が遅れまして、いま東京駅におります

電車が遅れたのは自分のせいではないが、必ずお詫びの言葉を添える。

③朝から体調が優れないので、本日は休ませていただけますでしょうか

「気持ち悪い」は「体調が優れない」「体調が思わしくない」などに換える。また、「お休みします」と断言するのは避け、「～いただけますでしょうか」のように伺いを立てるのが礼儀だ。

④私の机の右上にある青い封筒を忘れてしまいました。申し訳ないのですが、○○社まで届けていただけますか

封筒の置き場所や特徴などを具体的に伝えること。自分のミスで忘れたのだから、必ず謝罪したうえで、「～していただけますか」のような問いかけの形にする。

113

お客様から携帯電話に電話がありましたが、会議中もしくは移動中で出られませんでした。こんな場合の対応として正しいものには○、間違っているものには×を付けてください。

① いま会議中です（メッセージを送る）　［　］

② いま移動中ですので、10分ほどしたら、こちらから連絡いたします（メッセージを送る）　［　］

③ 遅くなって申し訳ありませんでした。どういったご用件でしょう（電話をかけられるタイミングまで待って連絡）　［　］

113 の答え

すぐに出られない場合はプラスワンを入れてメッセージを送信

①×

現在は、会社の固定電話より携帯電話に直接連絡するケースが多く、移動中や会議中にも電話がかかってくる。

電話をかけてきた相手にはこちらの状況がわからない。だから、すぐに出られない場合は、手短にメッセージを送ると親切だ。しかし、「いま会議中です」はあまりに雑すぎる。「会議中なので、終わり次第折り返します」「5分後に電車を降りますので、お待ちください」など、プラスワンの言葉が必要である。

②◯

こうした場合のメッセージでは、「恐れ入りますが」「申し訳ありませんが」といったクッション言葉は省いても失礼にはならない。手短にこちらの事情を伝え、さらに、いつ連絡できるかを伝えれば十分である。

③×

「遅くなって申し訳ありません」だけでは、電話に気づかなかったのか、忙しかったのか、出られない事情があったのか、相手に伝わらない。連絡できなかった場合は、「先ほどまで会議に出ており、ご連絡が遅くなって申し訳ありません」と伝えたほうがいい。

114

プライベートな時間に電話をかけるときは、ついつい敬語も忘れがち。それでも、できるだけきれいな言葉を使うように心がけたいものです。次の例文を、丁重な表現に直してください。

①夜遅くにすみません
↓
［　　　　］

②いましゃべっても平気？
↓
［　　　　］

③長電話しちゃってごめんなさい
↓
［　　　　］

④朝早くからすみません
↓
［　　　　］

114 の答え

朝8時前に電話するときは「朝から電話で失礼いたします」

①夜分に恐れ入ります

「夜分」とは夜や夜間という意味。「すみません」は普段の言葉なので、「恐れ入ります」「申し訳ありません」などの丁重な表現にする。

②いまお話ししてもよろしいですか

「しゃべる」は「お話しする」に置き換え、「平気？」は「よろしいですか」や「よろしゅうございますか」などに言い換えると丁重な印象になる。

さらに、「5分ほどお話ししてもよろしいでしょうか」など、具体的に時間を伝えておくのも、相手に対する思いやりが感じられる。

③長々とお話ししまして、失礼いたしました

電話中は相手を拘束することになるので、長くなってしまった場合はお詫びの言葉を述べるのが大人の礼儀。また、相手からかけてもらった電話で長くなった場合は「頂戴したお電話で」を添えるとより好ましい。

④朝から電話で失礼いたします

一般的に朝8時前に電話をするときには、このフレーズを付け加えたい。

語彙力アップ講座！

●顔が見えず伝わりにくいだけに、シンプルな敬語で

電話での言葉遣いでもっとも重視されるのは、相手にわかりやすく伝えることです。なぜなら、電話は肉声より聞き取りづらく、表情や動きが見えないので、相手の気持ちがわかりにくいからです。

たとえば、外出先からそのまま帰宅する「直帰」。社内での普通の会話では、「今日、課長は直帰されるそうです」のように表現しますが、電話で伝える場合は、**「課長は、本日、出先からそのまま帰宅されるそうです」**と言うほうがいいでしょう。

話し方はいつもよりワンテンポ遅く、意識して口を開けて、はっきりとした発音を心がけること。そして、必ず復唱します。

敬語をできるだけシンプルにするのもポイントです。

さらにもうひとつ気をつけるとしたら、相手が目の前にいると思って話すことです。というのは、相手から見えないのをいいことに、椅子の背もたれに寄りかかって横柄な姿勢で受け答えをしたり、パソコンの画面を目で追いながら通話する人が少なくないからです。こうした態度は、たとえ目には見えなくても、なんとなく相手は感じ取るもの。敬語以前の問題ですが、大切なことなので肝に銘じてください。

電話口でお辞儀をしながら通話する姿を笑う人がいますが、こうした真摯な態度こそ相手を大切に思う敬語の原点ではないでしょうか。

●話したい相手が不在の場合は「お伝え願えますか?」

取引先に電話をかけたのに、話したい相手が不在。そういうシーンはたびたびあります。そんなとき、どのような対応をするでしょうか。

まさか「それでは、またかけます」とすぐに電話を切るようなことはないでしょうが、ここは話が次へと進むように、うまく段取りをつけたいものです。

まず、自分から後で電話をかけ直したい場合は、電話口の人に、**「では、こちらからまたお電話いたします」**と伝え、相手の帰社時間がわかったら、**「それでは、○時頃にまた**

お電話します」と電話をかけるおよその時間を伝えておきましょう。そのように言えば普通はメモを残してくれるはずですが、念のために「**○○様にお伝え願えますか？**」と頼めばより確実です。

また、相手に折り返し電話をしてもらいたい場合は、

「**恐れ入りますが○○様がお戻りになったら、△△商事企画部の山田までお電話をいただけますよう、お伝えください**」

と、お願いします。

電話口の人が自分から名乗らなかった場合には、

「**恐れ入りますが、お名前を伺えますか**」

「**申し訳ありませんが、お名前を伺ってもよろしいでしょうか**」

と、取り次いでくれた人の名前を確認します。こうすると、仮に行き違いやトラブルが起きたときでも対応がしやすいでしょう。

●自分には答えられないと思ったら「わかりかねますので」

お客様からの問い合わせにはできる限り答えたいと思っていても、なかには専門知識を持っていたり商品情報に詳しくなければわからないことや、自分だけでは即答できない場合もあります。

そんなとき、「私にはよくわかりません」などと自信なく答えたら、お客様を不安な気持ちにさせてしまいます。

このように、自分では十分な答えが出せない事案に対しては、「○○だと思います」など不確実な返答をせず、すぐに専門知識のある社員に対応をまかせることが大事です。

まずは「大変申し訳ございません」と謝罪してから、「私ではわかりかねますので担当の者に替わります」と断って、適任者に電話を引き継ぎましょう。**「わかりませんので」ではなく、「わかりかねますので」という表現がポイント**です。

もし近くに適任の人がいなければ、**「至急確認し、折り返しご連絡差し上げます。恐れ入りますが30分ほどお時間を頂戴できますでしょうか？」**などと対応しましょう。

●担当者が電話に出られないときは「席を外しております」

お客様から電話をいただいたときに、あいにく担当者が不在だった場合は、「申し訳ありませんが、ただいま○○は席を外しております」という常套句が大活躍します。

「席を外しております」は非常に便利なフレーズなので、大いに活用していいのですが、「席を外す」という言い方ができるのは、本人が社内にいる場合だけで、外出している場合やどこにも見当たらないときには使えません。

姿は見えないけれど、社内にいるのは間違いないという状況なら、「**○○はただいま席を外しております。ほどなく戻ると思いますが、いかがいたしましょうか？**」と、相手に判断を委ねる形にするといいでしょう。

もし相手が「電話をかけ直してほしい」というときは、「**念のため、お電話番号を伺えますでしょうか？**」と断ったうえで電話番号を尋ねます。

ビジネスシーンでよく耳にする「念のため」は、物事の確実性を高めるために使われる言葉です。洗練された言葉遣いですから、使いこなすと対応がスマートに感じられます。

第7章

好印象を与える！面接の敬語

答え ❶「頑張りたいと思います」→「頑張ります」 ❷「△△について質問します」→「△△についてお聞かせ願えますか」 ❸「とても参考になりました」→「とても勉強になりました」

こんなときどうする？〔第7章ダイジェスト〕

115

面接では、自分のことをどう呼ぶのがいいでしょう。正しいものに○、間違っているものに×を付けてください。

① 自分は……　［　］

② わたしは……　［　］

③ ボクは……　［　］

④ 佐藤（自分の名前）は……　［　］

⑤ わたくしは……　［　］

115 の答え

「わたくし」がベスト。フォーマルで丁寧な印象を与える

①×

体育会系など上下関係を重んじる集まりで使われることの多い「自分」という一人称。ハキハキしたイメージに好印象を持つ人がいる一方で、「古臭い」と違和感を覚える人もいる。面接のような特に改まったシーンでは使うべきではない。

②○

「わたし」は、性別に関係なく使うことができ、ビジネスシーンではスタンダードな一人称。そのため、面接・面談で用いても問題ない。ただし、「わたくし」に比べるとややカジュアルになるため、「わたくし」を使ったほうがより丁寧な印象になる。

③×

「ボク」は幼稚な印象を与えてしまうため、面接・面談ではもちろん、ビジネスシーンでも基本的に使うべきではない。

④×

「佐藤は○○と思います」「山田は○○に自信があります」のように、自分の苗字を一人称にする人がいる。相手に印象付けようという狙いがあるのかもしれないが、反対に「幼い」「協調性が感じられない」「自己顕示欲が強すぎる」などのネガティブな印象を与えてしまうためＮＧである。

⑤○

もっともフォーマルで丁寧な一人称。

116

面接を受ける会社のことをどう呼ぶのがいいでしょう。正しいものに○、間違っているものに×を付けてください。

① 貴社 [　]

② おたく様 [　]

③ 御社 [　]

④ 弊社 [　]

116 の答え

「貴社」は書き言葉。話し言葉では「御社」を使う

①×
「貴社」は相手の会社を敬って呼ぶ際の言葉。しかし、「貴社」は書き言葉のため、話し言葉として使うのは間違い。エントリーシートや履歴書、送付状などに用いるのは正しい。

②×
日常会話では、相手やその家庭などを敬って「おたく様」と言うことはあるが、面接で使うのは間違い。

③○
相手の会社について言及する際には「御社」を使う。たとえば、「わたくしが御社を志望した理由は、年齢に関係なく活躍できる社風に魅力を感じたからです」のように、志望動機を述べたり、「御社ではSDGsに積極的に取り組んでいると伺いました。具体的にどんな取り組みをなさっているのでしょうか」などと用いる。

「御社」は就職活動中にとどまらず、就職してからも、相手企業や取引先などを呼ぶときに用いる言葉なので、身につけておくことが大切。

④×
「弊社」は、自らが所属する会社をへりくだって言う言葉。そのため、面接を受ける者が「弊社」と言うのは間違い。

117

面接で質問するときの言葉遣いはどれが適切でしょうか。正しいものに○、間違っているものに×を付けてください。

①○○についてお聞きしてもよろしいでしょうか　［　　］

②○○について質問します　［　　］

③○○についてお聞きします　［　　］

④質問があるんですけど、○○ってどういうことですか？　［　　］

117 の答え

「質問します」はストレートすぎるため不適切

①○

面接で質問する際には、「よろしいでしょうか」を付けるのが好印象。「伺ってもよろしいでしょうか」などもよい。

面接や電話で、聞きづらい内容を確認したいときには、「差し支えなければ、○○についてお聞きしてもよろしいでしょうか」「大変恐縮ですが、○○についてもう少し詳しくお聞きしてもよろしいでしょうか」のように、頭にクッションとなる言葉を置くと、より丁寧な印象になる。

②×

「質問します」は、ストレートすぎるため、「敬意が感じられない」「丁寧な感じがしない」と受け止められる心配があり、適切ではない。

③○

「聞く」の謙譲語には「お聞きする」「伺う」などがあり、「お聞きします」は敬語として正しい。ただし、面接を受ける側の発言としてはきつい印象もあるので、「お聞かせ願えますか」「お聞かせ願えますでしょうか」などと言い換えるとさらによい。

④×

「あるんですけど」「〜って」「どういうことですか?」は、すべてが普段使いの言葉。面接ではもちろん、ビジネスシーンでも使うべきではない。

118

面接官の質問の意味がよくわかりませんでした。どう対応したらいいでしょう。正しいものに○、間違っているものに×を付けてください。

① 大変申し訳ありません。質問の意味がよく理解できませんでした。もう一度お聞かせ願えますか 「　」

② おっしゃっていることがよくわからないのですが…… 「　」

③ 恐れ入りますが、もう少しわかりやすくおっしゃってください 「　」

④ そうですねぇ……、うーん……。難しい質問です 「　」

118
の答え

「自分には理解できなかった」という表現を使う

①○

質問の意味がわからないときは、曖昧な答え方をするのではなく、聞き直すべきである。聞き直すことは失礼にあたらない。

ただし、相手の伝え方が悪かったという言い方をしないように。たとえ、相手の言葉が足りない場合でも、「自分には理解ができなかった」という表現をする。

例文ではさらに、「大変申し訳ありません」と謝罪の言葉を添えているので、とても丁寧な印象を与えられる。「恐れ入りますが」でもいい。

②×

この言い方では、相手の話し方に問題がありり、それを責めているニュアンスがある。

また、面接では「わからないのですが……」のように、語尾を濁し、相手に答えを委ねるような話し方はNG。「～でしょうか？」「～です」のように、きちんと最後まで言い切ることが求められる。

③×

②と同様に、相手に非があるような言い方のため間違い。

④×

「そうですねぇ……」「うーん……」のように語尾を濁すのはNG。また、「難しい質問です」だけでは、相手にさらなる説明を求めていることが伝わらない。

119

面接官の質問の意味がわからず聞き直したところ、やっと意味がわかりました。なんと伝えるのがいいでしょう。正しいものに○、間違っているものに×を付けてください。

① なるほど! ありがとうございます　「　」

② そういうことですか。やっとわかりました　「　」

③ ありがとうございます。そのご質問に対する答えは……　「　」

④ はいはい。よくわかりました。えー、それでしたら……　「　」

119の答え

面接官に「なるほど」で返すのは失礼にあたる

①×

「なるほど」は面接の際に使わないよう注意すべき言葉のひとつ。なぜなら、「あなたが言っていることに納得できる」という意味合いが含まれるため、面接官に使うと失礼になるからだ。

②×

聞き直したことに対して答えてくれた面接官には、感謝の言葉を伝える必要がある。しかし、例文では、「そういうことですか」と軽く流してしまっているため間違い。また、「やっとわかりました」という言い方には、「私が説明を求めたから理解できた」というニュアンスがあり、相手を非難しているようにも受け取れる。

③○

まず、感謝の言葉を伝えているのがいい。さらに、「そのご質問に対する答えは……」と話の流れを明確にしているため、面接官が話を聞き取りやすい。

④×

「はいはい」や「はーい」と伸ばす返事は、ビジネスシーンで使ってはいけない。相手の言葉を軽く受け流す失礼な言い方だと思われる。

また、「えー」や「えーっと」「あのー」のような意味のないつなぎ言葉は、できるだけ使わないように心がける。

120

面接官から「弊社では、〇〇をマスターしておく必要がありますが、入社までに準備できますか？」と尋ねられたとき、好印象の答え方はどれでしょうか。正しいものには〇、間違っているものには×を付けてください。

① はい。しっかり勉強しておきます　［　］

② 大丈夫です　［　］

③ 頑張りたいと思います　［　］

④ ええ、もちろん！　［　］

「と思います」ではなく言い切ろう

①○

「はい」と返事をしたうえで、努力する姿勢をアピールしているので正解。

②×

このシーンで使う「大丈夫です」は、「問題ないです」という意味合いになる。面接はやる気をアピールすべき場なので、「問題ない」では熱意が感じられない。

また、相手の問いかけに対して「はい」の返事がないと、そっけない印象を与えてしまう。何かを問われて答える際には、まず「はい」と返事をするのがマナー。

③×

「頑張りたいと思う」という表現を使う人は少なくない。しかし、ここは「頑張ります」と言い切るほうが決意を表現できる。

また、「頑張らせていただきます」と言う人もいるが、「〜させていただく」は、相手に遠慮しながら行うという意味を持つ謙譲表現。頑張ることを遠慮しながら行う必要はないので、この言い方も不適切。

④×

「もちろん」は「言うまでもない」という意味の語である。マスターできるかどうかを尋ねられて、「言うまでもありません」と答えるのは適切とはいえない。

また、問いかけに対する返事は「はい」を用いるのが基本。

121

面接官から丁寧な説明を受けて、いろいろなことが理解できました。お礼の言葉を述べるのに、どんな言葉遣いが適切でしょう。正しいものには○、間違っているものには×を付けてください。

① 大変参考になりました。ありがとうございます　［　］

② とても勉強になりました。ありがとうございます　［　］

③ 貴重なお話をありがとうございました　［　］

④ おかげさまでよくわかりました。ありがとうございます　［　］

121 の答え

面接の場で「参考になりました」という感謝の表現はNG

①×

「参考」は、何かをしようとするときに、他人の意見や他の事例・資料などを引き合わせてみて、自分の考えを決める手がかりにするという意味。「相手の考えを自分の足しにする」という意味合いを持つ。面接官の話したことを自分の足しにするというのは失礼なので、「参考」を使うのは間違い。

②○

「勉強」はもともと、努力して励むという意味の語だが、ここで使われる「勉強になる」は、「自分にとって有益な情報を得られた」「自分の成長につなげることができた」という意味合いを持つため、感謝の言葉として正しい。

③○

「貴重」は、きわめて大切という意味の語。「貴重なお話をありがとうございました」と言えば、面接官の話をとても大切なものとして受け取ったという感謝になる。

④○

「おかげさまで」の語源は、人から受ける利益や恩恵を意味する「お陰」に様をつけて丁寧な表現にしたもの。そのため、感謝を表すクッション言葉として好印象である。

面接官が丁寧に説明したのは、応募者に理解してほしいから。だから、「おかげさまでよくわかりました」は正解。

122

企業の採用ページからエントリーしたものの、しばらくしても返事のメールが届きません。問い合わせる場合、どういう文面が好ましいでしょう。正しいものには○、間違っているものには×を付けてください。

① お世話になります（書き出し）　［　］

② ○月○日、御社の求人に応募させていただいた、鈴木□□と申します　［　］

③ お返事がいただけず不安になっています　［　］

④ メールをご覧いただけますでしょうか　［　］

⑤ お忙しい中恐れ入りますが、その後の選考状況を伺いたく、ご連絡いたしました　［　］

122 の答え

「お忙しい中恐れ入りますが」は覚えておくと便利な言葉

①○

ビジネスメールの挨拶として適切。

②○

何月何日に応募したと記すと相手は確認しやすい。また、「御社」と会社を敬った言い方にし、「応募させていただいた」とへりくだっているので丁寧な印象を与えている。

名前を名乗るのに「鈴木□□です」でも間違いではないが、「と申します」を使うと、より改まった印象になる。

③×

返信が来ないと心配になるが、「不安になっています」などと感情をそのまま伝えるのは不適切。こんなときは、「私が応募した内容は届いておりますでしょうか」のように書くといい。

④×

「メールをご覧いただけますか?」という問い合わせは、相手がメールを見落としているという前提の言い方なので失礼にあたる。

⑤○

「お忙しい中恐れ入りますが」は、相手を気遣うフォーマルな言葉で、問い合わせの際に用いるのは適切。「選考状況を伺いたく」とは、「選考についてその後どうなっているのか」を丁寧に言い表したもので正しい。

123

面接官から「どんなことでも質問してください」と言われました。適切な質問の仕方を考えてください。正しいものには○、間違っているものには×を付けてください。

① 企業理念を知りたいのですが……　［　］

② 女性が活躍できるってホームページに書いてありましたが、どんなふうにですか？　［　］

③ 身につけておくと役立つ資格についてお聞きしたいです　［　］

④ 遅刻や、急な休みの連絡は、メールでもいいですか？　［　］

123
の答え

語尾を濁す言い方は避ける

①×

「知りたいのですが……」のように語尾を濁す言い方は面接では避ける。また、企業理念についてはホームページなどに書かれているもの。簡単に調べられるようなことを質問すると、熱意がないと判断されてしまう。

②×

全体的に言葉遣いがくだけすぎているため適切ではない。この場合は「女性が活躍できる社風だとホームページに書かれていましたが、もう少し具体的にお話を伺えますでしょうか?」といった言い方をするといい。

③○

この会社に入って役立ちたい、活躍したいという気持ちが伝わってくる質問。「お聞きしたいです」のほかには、「伺えますか」「お聞きしてもいいですか」「お聞かせ願えますか」などの言い方もある。

④×

遅刻や急な休みについて、入社前の面接の段階で質問すれば、「この応募者は遅刻や突然の休みがあるタイプに違いない」と、マイナスの印象を与えてしまう。質問の内容としてふさわしくない。

124

あなたは面接官です。応募者に対して声をかけるとき、どういう言葉遣いがいいでしょうか。正しいものには○、間違っているものには×を付けてください。

①うちを選んだ具体的な理由を教えてもらえるかな　［　］

②君の一番のアピールポイントを聞かせてくれる？　［　］

③将来どんなキャリアを積んでいきたいとお考えですか？　［　］

④弊社は転勤がありますが、大丈夫ですか？　［　］

124 の答え

「大丈夫ですか?」ではなく「可能でしょうか?」

①×

自分の会社について言及するときは「うち」ではなく「弊社」を使う。また、面接は選ぶ側と同時に選ばれる側でもある。それを理解し、応募者に対しては敬語を使わなければいけない。この場合なら「弊社を選んだ具体的な理由をお聞かせください」のような言い方が正しい。

②×

①と同様に、応募者に対して敬語を使っていないので間違い。面接官は応募者が自社に合う人物かどうかを見極めると同時に、会社の顔、会社の代表としてふるまうことが求められる。

相手に対して「君」と呼ぶのはとても失礼。この場合は、「○○さんの一番のアピールポイントを伺えますか」のように相手の名前を呼ぶのが正しい。

③○

丁寧で、この場にふさわしい言葉遣いなので○。

④×

将来的に転勤が考えられる場合は、面接時に確認する必要がある。「大丈夫ですか?」はくだけた言い方なので、「対応は可能でしょうか?」「対応できますでしょうか?」などに言い換える。

125

就職エージェントの担当者から「2次面接突破です。おめでとうございます！」とチャットで連絡がありました。どんな返信が適切でしょうか。正しいものには○、間違っているものには×を付けてください。

①やった！　ありがとうございます　［　　］

②了解です。ありがとうございます　［　　］

③いつもお世話になっております。2次面接突破のご連絡ありがとうございます。引き続きご指導のほどよろしくお願い申し上げます　［　　］

④（「いいね」のマークのみ送る）　［　　］

125の答え

「承知しました」を使いこなそう

①×

親身になって相談に乗ってくれるエージェントの担当者に対し、すっかり身内のような気分で、友だちあてのメッセージのような返答をしてしまう人がいる。しかし、エージェントとのやりとりはビジネスマナーを学ぶ場でもある。チャットといえども、さらに相手が「！」を使うなどしても、こちらは丁寧な言葉遣いを心がけるように。

②×

仕事上では「了解です」ではなく「承知しました」を使う。「了解しました」もNG。

③○

「いつもお世話になっております」はビジネス挨拶の定番。２次面接突破のお礼だけではなく、その先の指導もお願いしていて、好感が持てる。

就職エージェントは求人紹介から内定まで一貫した支援をし、履歴書の添削や面接対策などのサポートもしてくれる。だからこそ、「引き続きご指導のほど……」という改まったお礼の言葉は重要。

④×

絵文字や顔文字はビジネスシーンでは一切使用しない。エージェントの担当者とのやりとりでも当然、使用すべきではない。

語彙力アップ講座!

●社会人としての適性を見られている

企業によって異なりますが、採用面接の時間はおよそ30分から1時間です。限られた短い時間の中で、どうやって自己アピールをすればいいか。ほとんどの人が頭を悩ませるのではないでしょうか。

たとえば「仕事の適性があるところを伝えたい」「専門分野でしっかり学んできたことを売り込みたい」「将来的に活躍するだろうと感じてほしい」など、さまざまなアピールがあると思います。しかし、それ以前に面接官が注目している点があります。それは、「社会人としての適性があるか」だそうです。

なぜなら、一般に新人が入社して即戦力になるわけではなく、その人が持っている能力を活かせるように、企業は教育しなくてはならないからです。

そのときに求められるのは、まず、周囲の人たちとうまくやっていけるか、社員として恥ずかしくない行動ができるかで、それが社会人としての適性です。どんなに優秀な頭脳を持っていても、企業の中でうまくやっていけなければ採用する意味がありません。トラブルを起こして辞めてしまうような人材では困るのです。

●言葉遣いはその人を表す

では、社会人としての適性を、短い面接時間内でどう判断するか。面接官は応募者のいくつかの要素に目を注ぐわけですが、その**代表的なものに、表情、身なり、そして言葉遣い**などがあります。

身なりはその場だけでも整えられますが、言葉遣いは違います。たとえ、どんなに大きな将来の展望を語ったとしても、自分は優秀だとアピールしても、

「ボクの描いているビジョンを言ってもいいですか？　えーっと……」

「自分は、ガチで研究に打ち込んできたんです」

こんな雑な言葉遣いだったら、社会人の適性という面ではマイナスです。

逆に、見た目には幼さを感じさせても、

「御社では働き方改革に力を入れていると伺いました。もしよろしければ、どんな取り組みをなさっているか、お聞かせ願えますでしょうか」
「私は、御社のＳＤＧｓを重視した経営方針に大きな魅力を感じております」

などのように、正しい敬語、美しい言葉遣いができていれば、「この人はしっかりしているな」「会社に入ってからもうまくやれそうだな」と、好感を持たれるでしょう。

というのも、**正しい言葉遣いは一朝一夕で身につくものではなく、普段の生活ぶりが映し出される**からです。

●その相槌は封印しよう

面接では自分が話すだけでなく、面接官の話を聞くシーンもあります。そんなとき、ただ黙っているだけだと印象が悪くなります。そこで必要なのが適度な相槌です。

ただし、この相槌には注意が必要。なぜなら、**ビジネスシーンでは使うべきではないものがたくさんある**ためです。

まずは、**「なるほど」**です。

「なるほど」は、確かにその通りだ、という意味の言葉で、相手の言っていることを評価するニュアンスがあります。そのため、目上の存在である面接官に向かって使うのは間違い。また、「なるほどですね」という言い方も耳にしますが、同様にNGです。

次に**「そうなんですね」**です。

これはもともと「そうなのですね」が変化していった比較的新しい言葉です。相手の話に共感を示す相槌ですが、真剣に話を聞いていない印象を持たれることがあります。

3つめは**「確かに！」**。

「確かにその通りだと思います」「確かにそうでした」のようにきちんと言い切ればいいのですが、「確かに！」で切ってしまったり、「確かに、確かに」のように繰り返す使い方は、目上の人には失礼になります。

4つめは**「まぁ、そうですね」**です。

「そうですね」だけならいいのですが、これに「まぁ」が付くと、一気に上から目線に感じさせてしまいます。

5つめは**「本当ですか？」**。

相手の話に対する驚きや感動を表す意味でよく使われるようですが、言葉の意味としては、相手の発言の真偽を問う表現です。違う言い方にすると「嘘じゃないんですか？」になるわけで、とても失礼です。

●背伸びした敬語を使わなくてもいい

面接で少しでもいいところを見せようと、頑張って難しい敬語を使う人もいます。たとえば、「さようでございますか」「痛み入ります」「○○を賜り……」など。美しい日本語ではありますが、使い慣れないと、ぎこちなくなります。そうした点を面接官は見抜くかもしれません。

慣れない敬語に四苦八苦するよりも、**「そうなのですか」「ありがとうございます」「○○をいただき……」のように、身の丈に合った敬語を使えば十分**です。

また、近年、オンラインでの面接も増えているので、言葉遣いだけでなく、顔を上げて相手を見る、口をしっかり開けてはっきり発音する、相手の話にうなずくことなども、大切なポイントになるでしょう。

終章

まとめと
よく使う敬語一覧

敬語がスラスラ言えるようになってきたよ
承知しました。では私どもでも再度検討いたしまして明日《みょうにち》こちらからご連絡いたします
あの頃は…ひどかったですね…
了解です！そしたらウチでももう一回よく考えて明日《あした》こっちから連絡しますね！
すっかり敬語を自分のものにしたね
これなら安心して任せられるな
えっ、そうですか？やったー!!

敬語を身につけるときに一番大切なのは、文法ではなく「相手を思いやる気持ち」。自分と相手の立場を考え、相手を気遣いながら話そうという気持ちがあれば、敬語の基本はマスターできたも同然です。敬語の基本要素は「尊敬語」「謙譲語」「丁寧語」の3つだけ。これをシーンに合わせて組み合わせることで、聞き手にとって気持ちがよく、自分自身の品位を高める会話ができます。ここでは、3つの要素から解説していきましょう。

①尊敬語

尊敬語は相手に敬意を表すために使われるもので、「先生がお帰りになる」のように、敬意の対象である人の行為に「お~になる」をつける **「付け足し型の尊敬語」** と、「先生がおっしゃる」「先生がいらっしゃる」のように専用の言葉を使う **「言い換え型の尊敬語」** があります。また、相手の持ち物などに「お鞄」「お名前」のように「お」を付けるのも尊敬語。丁寧語とは少し違うので注意が必要です。

「話す」の尊敬表現は「おっしゃる」と「お話しになる」の両方を使うことができますが、「来る」の場合は、「お来になる」とは言わず、「いらっしゃる」「おいでになる」「お越しになる」などを使います。言い換え型は種類も限られているので覚えてしまえば簡単です。

そして、**「尊敬語」を使う場合に気をつけなければならないのは、やはり使いすぎ。**たとえば「お召し上がりになる」のように、「召し上がる」だけで尊敬語になっているのに、さらに重ねて「お〜になる」を付けるのは間違い。この点さえわきまえていれば、尊敬語は簡単に使いこなせるようになるでしょう。

●②謙譲語

尊敬語は相手に使う言葉なのに対して、謙譲語は自分自身に使うものです。自分をへりくだることによって相手を高めるという働きのため、「ややこしい」と感じる人も多いかもしれません。謙譲語も尊敬語と同じように「付け足し型」と「言い換え型」があります。「お持ちする」「ご案内する」は付け足し型で、「申し上げる」「拝見する」などは言い換え型というわけです。

謙譲語で間違いやすいのは、相手に対して謙譲語を使ってしまうこと。たとえば「社長が参られる」のように、「参る（行く・来る）」の謙譲表現に「〜れる」という尊敬語のパーツを付け、尊敬表現であると勘違いして使う人が多くいます。

「謙譲語は決して相手に使ってはいけない」という点をしっかり頭に叩き込めば、意外に

●敬語の種類

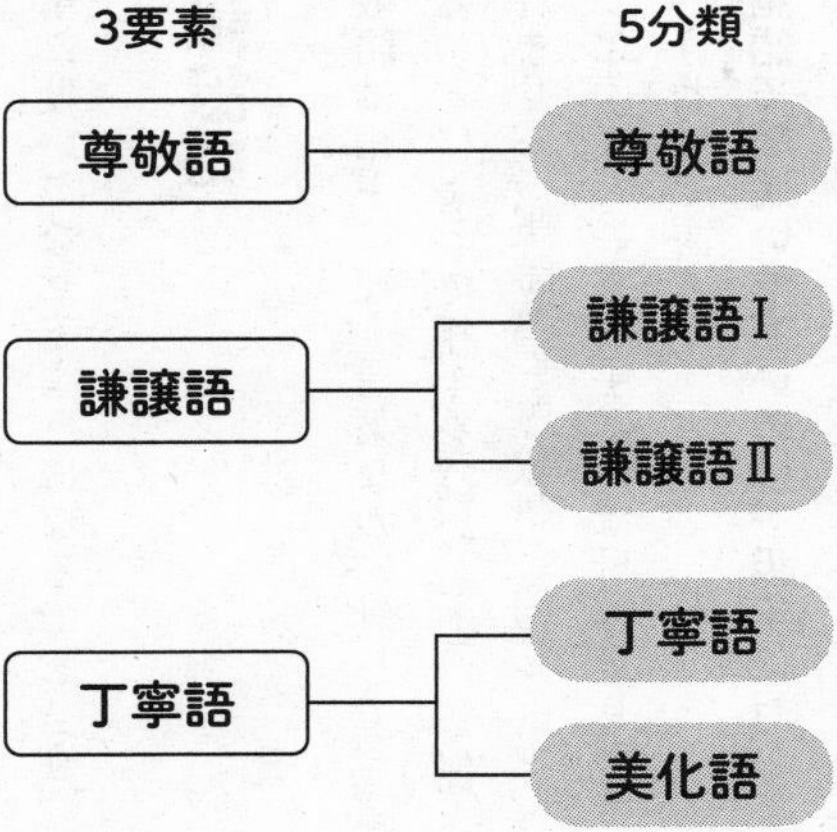

簡単に自分のものにできるでしょう。

●③丁寧語

言葉を丁寧にするために使われるもので、「〜です」「〜ます」「〜ございます」が代表的。「俺は学生だ」を丁寧語に直すと「私は学生です」という具合になります。また、**丁寧語の中には言葉を美化する働き**もあります。言葉の頭に「お」や「ご」を付けるもので、「お茶碗」「ご飯」「お米」などがこれにあたります。

このときに気をつけなければいけないのが、丁寧語の使いすぎ。「おコーヒーとおカステラをお持ちしました。お早くお召し上がりなさいませ」のように、やたらと「お」が付いた言葉は聞き苦しいだけでなく、どこかバカにしているような印象さえ与えてしまいます。また、「コーヒー」や「カステラ」のような外来語には「お」「ご」を付けないのが原則です。

なお、尊敬語、謙譲語、丁寧語と、第1章の冒頭で説明した「敬語は5分類」は図「敬語の種類」のように対応しています。

日常語	ビジネス用語
いま	ただいま
あとで	のちほど
本当に	誠に
すごく	大変
ちょっと　少し	少々
あります	ございます
そうです	さようでございます
わかりました	承知しました かしこまりました
わかりません	わかりかねます
いません	席を外しております
いいですか	よろしいでしょうか
すみません	申し訳ございません
すみませんが	恐れ入りますが
どうしますか	いかがなされますか
うっかりしていました	失念しておりました
知ってますか	ご存じですか
その通りです	ごもっともです
教えてください	ご教示ください

●正しいビジネス用語一覧

日常語	ビジネス用語
自分	わたくし
私たち	私ども
あなた	〜様
うちの会社	弊社　当社
あなたの会社	御社　貴社
誰	どなた
これ	こちら
ここ	こちら
どこ	どちら
そっち	そちら
あっち	あちら
それ	そちら
こんな	このような
さっき	先ほど
今日	本日
明日《あす》	明日《みょうにち》
この前	先日
今年	本年
今度	このたび

●よく使う敬語一覧

	尊敬語	謙譲語	丁寧語
言う	おっしゃる 言われる おおせになる	申し上げる 申す	言います
見る	ご覧になる	拝見する	見ます
聞く	お聞きになる	お聞きする 伺う	聞きます
行く	いらっしゃる お出かけになる	伺う 参る	行きます
来る	お見えになる 見える いらっしゃる	参る	来ます
する	なさる される	いたす させていただく いたします	します
いる	いらっしゃる	おる	います
思う	お思いになる 思われる	存じます 存じる 存じ上げる	思います
知る	ご存じになる	存じます 存じ上げる	知っています
会う	会われる お会いになる	お目にかかる	会います
食べる	召し上がる	いただく 頂戴する	食べます
帰る	帰られる	帰らせていただく	帰ります
待つ	お待ちになる	待たせていただく	待ちます

本書は2018年3月に刊行された日経ビジネス人文庫『大人の語彙力敬語トレーニング100』（2008年2月刊行『大人力を鍛える敬語トレーニング』〔池田書店〕を大幅加筆・修正、改題のうえ文庫化）を加筆・修正、改題したものです。

日経ビジネス人文庫

決定版《けっていばん》! 大人《おとな》の語彙力《ごいりょく》
敬語《けいご》トレーニング125

2023年8月1日 第1刷発行

著者
本郷陽二
ほんごう・ようじ

発行者
國分正哉

発行
株式会社日経BP
日本経済新聞出版

発売
株式会社日経BPマーケティング
〒105-8308 東京都港区虎ノ門4-3-12

ブックデザイン
鈴木大輔・江﨑輝海（ソウルデザイン）

本文DTP
ホリウチミホ（nixinc）

印刷・製本
中央精版印刷

Printed in Japan ISBN978-4-296-11834-2